女人受益一生的情商课

梨花颜　艾　宁——著

NüREN SHOUYI YISHENG DE QINGSHANG KE

江西人民出版社
Jiangxi People's Publishing House
全国百佳出版社

图书在版编目（CIP）数据

女人受益一生的情商课/梨花颜，艾宁著.—南昌:江西人民出版社，2015.10

ISBN 978-7-210-07584-4

Ⅰ.①女…　Ⅱ.①梨…②艾…　Ⅲ.①女性—情商—通俗读物　Ⅳ.①B842.6-49

中国版本图书馆CIP数据核字(2015)第161363号

女人受益一生的情商课

梨花颜，艾宁 / 著

责任编辑 / 陈茜

出版发行 / 江西人民出版社

印刷 / 固安县保利达印务有限公司

版次 / 2015年10月第1版

2017年11月第4次印刷

710毫米×960毫米　1/16　19.5印张

字数 / 225千字

ISBN 978-7-210-07584-4

定价 / 29.90元

赣版权登字-01-2015-562

前言 PREFACE

女人的一辈子，会遇到很多人，很多事，会有很多种角色。在家里，她们是父母的女儿，公婆的儿媳，爱人的妻子，孩子的母亲。还可能有妯娌关系、姑嫂关系要处理。在社会上，她们可能是女上司、女职员，也可能是女老板。女人的多重角色，决定了女人不能太单纯。太单纯的女人往往会顾此失彼，迷失方向。太单纯的女人会让自己总是处在被动的地位，不能通过进攻获得自己想要的结果。其实，女人单纯没什么不好的，只是生存环境让女人们不能太单纯。

苏苏大学毕业后经过一路拼杀进入了一家单位。单位前景很好，是世界500强企业，在市中心的高档写字楼办公。苏苏在工作中屡屡犯错，而且不知道从自身找原因，她总是单纯地觉得谁都会犯错，从不认真反省自己。很遗憾，她没通过试用期。

其实，丢了工作并不可怕，丢了工作以后认真反省，在以后的工作中不再犯这样的错误才是最重要的。苏苏因为她的单纯，丢了工作；因为她的固执和不负责任，还没找到前进的方向。她要成长还需要时间和磨砺。女人的单纯只有自己能体会到，只有历经了磨难和岁月的洗礼，才能成为一个圆润的女人，才能游刃有余地把控自己的生活。

又经过几年的磨炼，苏苏和男朋友大鹏携手走进了婚姻殿堂。这个时候的她，已经褪去了初入社会时的青涩，夫妻之间有了小矛盾她都会很小心地化解，面对挑剔的婆婆她也收起了自己的锋芒，和婆婆保持恰当的距离。很快她有了宝宝，她不再纠缠于小事，能游刃有余地处理好各方面的关系。几年下来，她成了一个优雅聪慧的成熟女人。

其实，女人单纯没什么不好的，单纯的女人总让男人有种想要保护的冲动，但是，太过于单纯的女人，总是很难融入这个社会，她们往往会吃亏、碰壁。女人不得不让自己变得成熟，同时要让自己强大起来，让自己尽可能少吃亏。

我们都知道，成熟的女人，能很好地处理自己的人际关系。成熟的女人能走进人的心里，知道怎样才能获得让对方甘愿付出的友情；她们善于打造自己的人脉圈，让自己成为一个小团体的中心；她们还精通职场规则，懂得怎样为自己争取更多的利益，懂得怎样才能让自己拥有更多的话语权；她们不喜欢厚黑，但是别人也别想用厚黑对付她们，如果有人那么做，她们会很优雅地让对方难堪。

我们在这里并不是想教大家多么精明，而是让大家别太不通人情世故。这个社会上不缺聪明人，人人都想表现聪明，不想自己看起来很平凡，但是真正的聪明人是懂得让自己进退的。我们面对任何事情都要做到心中有数，能从容应对，不要总是被人牵着鼻子走。整天辛苦打拼的女人们，不妨静下心来，仔细读读这本书，相信它会帮助你们更早地过上自己想要的生活。

CONTENTS

目录

第一章　单纯是好事，太单纯是坏事

第二章　不想处处碰壁，就要学会为人处世的艺术

第三章　学习点职场交往技巧，别对谁都掏心掏肺

第四章　要懂得主动和人交往，拓展你的人脉圈

第六章　给自己上一点儿“色彩”，保护色，稳重色，事业色

第七章　增强自己的实力，才能更好地把握当前的机遇

第八章 要做就做期望中最美好的自己

第九章　解读让女人幸福一生的密码，让你一生幸运

第一章

·单纯是好事，太单纯是坏事·

永远不要贬低自己，也别允许别人这么做

不少女人觉得自己容貌不出众，个头有些矮，既没有杨柳细腰，也没有修长美腿。但是，请不要自怨自艾，再昂贵的化妆品也比不上自信带给你的美丽。自信的女人看上去总是光彩照人，你不仅要杜绝自我贬低，也要提防来自别人的轮番打击。自尊也是你该保持的本色，别让他人的嘲弄磨灭了你的信心。

是谁偷走了我们的自信

淼淼性格温柔，比较内向，而慧慧则是个十分开朗而且很有交际能力的女孩。刚进公司不久，两个人就成了好朋友。

但是没过几天，淼淼发现慧慧总爱拿自己开玩笑。哪怕只是买了一件衣服，慧慧都会说：“天哪，这是你买的衣服啊？怎么买这种款式的啊？太旧了，还不如多花一点儿钱买当季的呢！”这让淼淼的自尊心受到了严重的伤害。每当跟慧慧在一起时，淼淼的心情就会莫名其妙地失落。但慧慧的话听

上去都像是在开玩笑，所以淼淼也不好意思跟她发脾气。

就这样过了几个月后，淼淼的生活发生了可怕的变化。只要一照镜子，就会觉得自己的脸特别丑陋，甚至连自己都厌恶自己的容貌。她越来越感到孤独，并且经常莫名地悲伤起来，无论做什么事情都没有信心。就这样，淼淼一直没有找到男朋友，工作也变得一团糟。

一天，当慧慧再一次贬低淼淼的时候，她终于忍无可忍地做出了反驳，两人为此大吵了一架。此后，她们连续好几周都没有说话。但奇怪的是，在离开慧慧的这段时间里，淼淼居然觉得轻松了不少，长久以来的心理压力刹那间都消失无踪了。

这时，淼淼才明白原来慧慧经常对自己讲的那些玩笑话，与朋友之间的坦诚交往毫无关联，而是在一点一点地腐蚀自己的自信。

生活里，或许你也会遇到诸如慧慧一样的人。她们表面上看起来没有什么异常，而且善于社交，能给人留下深刻的印象，因此经常在朋友们的聚会中充当召集者。但她们有喜欢贬低别人的毛病，时常有意无意地去伤害一些懦弱单纯的女人，并从中获得明显的优越感和快感。而女人的自信则会在这样一次次的贬低中，被不知不觉地啃食吞噬，渐渐地不再相信自己的美好。

与侵蚀我们自信的人划清界限

俗话说：忠言逆耳利于行。但这种规劝别人的真心话，和攻击性的语言有明显的区别。我们都不是笨蛋，也不缺乏分辨忠言的判断力。那些存心打击我们的人，无论对方用多么亲热的表情和绚丽的玩笑伪装，我们都应该坚决地与其划清界限。

如果别人的话或行为伤害了你的感情，而且不止一次地重复出现，这就说明对方对你没有好感，更谈不上什么真诚相待。那么你就不必思前顾后地为了给对方留面子而一忍再忍了，你的忍耐只会害了自己。

还记得风靡一时的漫画电影《*Candy*》（《糖果》）的主题曲中这样唱道：“无论有多么孤独和悲伤，我都不会哭泣，忍耐、忍耐、再忍耐，何必哭泣呢……”当时在观看电影时，还曾为了主角的不幸而黯然神伤，但仔细想想，忍耐正是导致她命运悲苦的原因。

电影里的Candy，无论受到怎样的摧残，都会像歌词所表达的一样被动地“忍耐”。虽然她的忍耐并没有打败恶势力，但至少总会得到王子的安慰。但现实生活中的我们，到哪里去找安慰我们的王子呢？

所以，还是多为自己想想吧。被别人贬低的次数越多，心中的自信就会越少。这不但不会提高你的忍受能力，反而会让你逐渐迷失自我。

如果遇到贬低自己的人，你就应该像被打捞的鱼一样拼命挣扎、跳跃、摆脱束缚，据理力争才算得上是自爱。无论何时，你都该抛弃心中一切泄气的想法，始终相信自己是最好的。

为什么你的生活和事业不如意

心情的好坏，看上去是源自身外的烦恼，事实上是取决于你的一种态度和控制力。态度决定一切，用积极的态度面对压力，才能让你的心情变得愉快。在心情即将崩溃的那一刻，你可以通过看书、听音乐等方式，让心情慢慢放松下来。喜欢自己是让自己开心的最佳途径。

很多女人总是觉得自己的生活和事业不如意，她们往往觉得自己的生活毫无生气、黯淡无光。一个人的心境好坏将直接影响到他的幸福程度，淡定如水、言笑晏晏是一种状态，愁容满面、悲上心头也是一种状态。怎样改变这种状态，让自己活出一些快乐呢？

生活中的不如意，只能靠自己改善

现实生活中往往有许多不如意，工作、家庭、人际关系，这些问题常常让女人们茫然不知所措。怎样改变女人对现状的不满，做一个充满幸福感的女人呢？

每天早上起床，对着镜子里那个亭亭玉立的自己大声地说："我的皮肤很健康，我的笑容很可爱，我的生活很美好，我是办公室里最美丽的女人！"据心理专家说，这是调节自我情绪的手段之一，也是营造良好心态的手段之一。

平衡利用身心功能。"平衡"是多方面的，诸如脑力与体力的平衡，工作与休息的平衡，站、坐、走的平衡，用眼与用耳的平衡等。这样的平衡能使生理和心理的功能潜力得以充分发挥，有益于身心健康，也有利于良好心境的营造。每一个脑力劳动者都应根据自己的工作特点，使保健与工作结合起来。

笑容是心境的神奇密码。脸上的笑容不仅是送给别人最美丽的礼物，更是自己美好心境的一把神奇的钥匙。在我们感到迷茫、困惑的时候，绝大多数人首先想到的就是哭，而不是笑。这也就是绝大多数人没有良好心境的原因之一。

其实眼泪并不能让你的心境平静下来，反而会让你觉得更加难受。相反，笑容却能让你的心境趋于一种缓和状态，虽然不能立竿见影，却能产生一定效果。当你在伤心难过的时候，不妨张开嘴笑一笑，把埋藏在心中的苦闷和痛苦统统倾倒在你的笑声里。当它们烟消云散，荡然无存时，再回头想想那些曾经令你心烦意乱的事情，还会难受吗?

笑很多时候也是一种自嘲的形式。一个不懂得用笑来自嘲的人，心事永远打着死结，拥堵于胸，也就一生得不到快乐。乐观而灿烂的笑容不仅使自己快乐，也愉悦着你身边的每一个人。

让自己表现得最美丽

女人可以贪心，但只能表现在对美丽的追求上。如果一个女人总是能把自己定格在最美丽的时刻，那么这个时候也就是你心境最好的时刻。原因就是人在心情不好的时候是不会去打扮自己的，更何况是把自己打扮得非常漂亮。同样，如果一个人把自己打扮得非常漂亮，也会让自己的心情变得好一些。就像很多人在心情不好的时候喜欢去理发一样。因此，如果我们要想营造良好的心境，就把自己打扮得漂亮一点儿吧！

心理调节，升华感情。营造良好的心境并不代表我们必须一直忍耐，毕竟工作和生活中的烦恼是难以避免的，将忧愁痛苦释放出来也是保持良好心境的一种方法。当我们遇到委屈或不幸时，也可以痛哭一场，因为哭可以调节心境。心理学家指出：哭是一种心境的保护措施，能使不良情绪得以宣泄和分流。其实这些都是表面现象，最关键的是困难时要看到光明面，失败时要多看自己的成绩，要有自信心，相信自己。

学会休息。无论是谁都应该客观地认识和评价自己的承受能力，无论是工作上的，还是心情上的，这一点是非常重要的。特别是工作上的一些承受能力，因为很多不好的情绪都是因为承受不住工作的压力而引起的。

解决的办法就是，无论工作多么繁忙，每天都应留出一定的时间休息，尽量让精神上绷紧的弦有一个放松的机会。

学会和别人交流。当我们心情不能平静的时候，我们可以去和别人交流。在交流中把自己心中不高兴的事情倾吐出来，要么和对方一起寻找解决问题的对策，要么就把对方当成倾诉对象，说完了心情也就好了。但是有一点是要注意的：对方必须是你信得过的人或者是你的好朋友。否则，对方可能不愿意听你的絮叨，更不会为你开导，那样不仅不能改变心情，还会让自己的心情变得更加糟糕。

不快乐的人，从面容上就能看出来。你愿意做一个形容枯槁的女人，还是做一个美丽自信的女人？美丽的人，首先都有美丽的心情。给自己适当解压，让自己在朋友面前倾吐心声，你会发现，淡定而从容的好心态，能营造出女人最优雅的气质，让你自内而外容光焕发。

女人太单纯，会被幸福淘汰

在适者生存的社会竞技场上，每个人都倍感压力。可是在许多情形下，一个人的心境、心态决定着他的愉快或忧愁，决定了他对外界的适应程度和抗衡力量乃至承受能力。许多人常常处于紧张之中，往往意识不到自己手中的筹码，这是心理在作怪。怎样给自己营造一个宽松的心理环境呢？

事物都有两面性，不要只盯着坏的一面

任何事物都具有两面性，有利有弊，不可能有利无弊，也不可能有弊无利。聪明的女人，知道分清哪个利大，哪个弊小，从而“择其大舍其小”。当每个人做出选择时，都要争取趋利避弊。只要利大于弊，只要从长远看是如此，就应当舍去暂时“优越”的“小利”，而去追求潜在的有发展前途的“大利”。

如果在选择之前心里有个“准绳”——有利有弊才是真正的现实，利弊

相当是幸事——那么就不会因为失去而失落，不会因为得到而狂妄。这样面对生活，心里肯定是坦荡的。

人，一碰到坎坷，免不了抚今追昔。但是，在这种情景下就容易产生消极情绪。

美国前总统尼克松，从政多年，他是20世纪美国历史上因“水门事件”第一位被迫辞职的总统。年过八旬时，他的贤内助永远离开了他，这让他悲痛欲绝。面对事业和个人生活中的不幸，尼克松感慨地说：“长寿的秘诀是，不可回首往事，只能向前看。你要找些让你为它生存下去的事，否则便是生命的终结。”正因为如此，他在卸任后埋头笔耕，至今已写了9部书，其中7部畅销全球。在他看来，过多地回忆，只会给自己带来悲伤，使情绪太过紧张。

从心理学角度来说，回忆是一种心理压力的来源。当然，回忆的滋味，因人而异、因景而异，不过当回忆袭上心头时，总是别有一番滋味。不论是辉煌的过去，还是灰暗的昔日，回忆都不会是一种美好的享受，是甜的已随岁月的流逝而变淡，是苦的更会由于翻老账而变涩。所以，不要回忆往事，你的心里就会轻松许多。

在心理重创中，忧愁无疑是一个罪魁祸首。要想驱赶这个“杀手”，可以采取“以毒攻毒”的方法。

当忧愁袭来时，你可以设想比你更糟糕的境遇，也许你的忧愁就驱散了。这种心理的自卫举措，实际上采用了“以毒攻毒”的方法，当你意识到世上有比你更艰难的情况时，你的心就会豁然开朗起来。

消费不攀比

在生活上与别人攀比，是很容易陷进“不平衡”的心理陷阱的。

国外有一位富商，积攒了上亿财富，但他有一个生活信条：过比收入低的日子。为什么拥有大量财产，却要“清贫”呢？他认为，钱多也是一种压力，过比收入低的日子，不仅仅是“节俭”，更是求得心理平衡。豪华是没有限度的，而保持“低一个档次”的生活要求，舍去攀比的心理冲突，这样反倒惬意。

现在很多女人都有很强的攀比心理，职位一定要比别人高，薪水一定要比别人多，生活档次一定要比别人高，等等，结果弄得心理始终处于紧张状态。

其实，舍去一些不切实际的追求目标，可以免去许多的心理压力，心有余而力不足却要拼命追求，那只会让自己疲惫不堪。

无论怎么做都不快乐

在现实生活中，漂亮能干的女人不少，但她们中间也有一些人生活得不快乐。不是对生活不满，就是在追求许多东西的过程中失去了快乐。

其实，快乐从来不取决于财产的多寡、地位的高低、职业的贵贱，也就是说每个人都有可能快乐，关键就看你心态如何。快乐就像一个懂事的小孩，你希望拥有它时，它与你形影不离；你冷淡它时，它便逃得无影无踪。你快不快乐，完全取决于你有没有一种美丽的心境。

那么，快乐的秘诀到底是什么？首先一点就是要让自己变成一个乐观的人。

某日，无德禅师正在院子里干活，迎面走过来一位信徒向他施礼问禅："人们都说佛教能够解除人生的痛苦，但我信佛多年，却不觉得快乐，这是怎么回事呢？"

无德禅师放下锄头，看着他反问道："你现在都忙些什么呢？"

信徒说："我总觉得人不能活得太平庸，所以我每天为了让门第显赫、家人风光而日夜操劳、心力交瘁。”无德禅师听完，哈哈大笑，说道：“怪不得你得不到快乐，原来你心里装满了苦闷和劳累，哪里还容得下快乐呢？”

信徒顿悟，非常惭愧，叩谢而去。

快乐的女人也许不是出色的女人，但她却是掌握人生真谛的女人。女人们一直渴望能成为一个漂亮、能干而坚强的女人，却很少考虑如何成为一个快乐的女人。假如一个漂亮的女人不快乐，那么她的漂亮、坚强和能干又有什么意义？

一个幸福的女人绝对是一个心情非常好的女人，而一个心情好的女人会调适自己的坏心情，随时给自己一份快乐的好心情。

女人的笑容是万能武器，带上笑容面对生活

笑容是世界上最美丽的表情，它能确确实实地拉近你和对方之间的距离，是人们交际的一种必备武器。其实微笑除了这些功能之外，还有一个功能也是非常明显的，那就是微笑是通往幸福之路的最佳捷径。

几乎每个人都想变得幸福，每个人也都在极力表现得幸福，可是很多人并不知道微笑是通往幸福的一条捷径。这是一个事实，反过来说，你什么时候会觉得脸上不带微笑的人幸福呢？虽然她可能表现得非常完美，甚至可以说吸引了所有人的目光，但是那并不表示她很幸福，而是一种丑陋的惺惺作态。

真正的幸福是一种面带微笑的幸福，是一种从内心表现出来的幸福，而不仅仅是外在的光鲜亮丽。因此，这里有一个忠告：在学习其他使人幸福的技巧时，开始对陌生人微笑吧，你会得到立竿见影的效果。

接纳自己的不完美

任何人都不是完美的，每个人都有缺陷，这些缺陷不仅仅是一个或者是两个，一般有很多。可是这个世界上是不是存在没有一点儿优点的人呢？这也是不可能的事情。无论是谁，只要活着，即便在别人眼里一无是处也都有他存在的价值。这样活着其实是一种勇气，这种勇气非常可贵，特别是对于那些经常感到自卑的人。

他们的经历告诉我们这样一个道理：**要想开心地生活，首先要懂得接纳自己**。**这种接纳是接纳所有的一切，包括你的缺点**。**只有这样，才能在你心情坏到极点的时候给自己一个安慰**。

喜欢自己，女人只有喜欢自己才会拥有幸福

每个人都有个性，每个人的个性不见得都被别人喜欢。发生这种事情是在所难免的，毕竟我们都会觉得自己是对的，而别人无论如何都是错的。然而现实中还是有很多人表现得很不一样。他们往往会非常看重别人对自己的评价，或者是别人对自己的看法。比如说，有个人说他说话声音太大，那么这个人就会刻意地把声音降低，并且是无限制地降低，低到连自己听清楚都很困难。如果有一天，另外一个人说他说话声音太低，那么这个人又会调高自己的声音，甚至比原来的声音还要高。

这其实就是一种不自信，并且是一种极度的不自信，也同样是一种不爱自己的表现。长此以往，这类人的心情肯定会变得极度压抑，到一定程度肯定会发泄出来。那么到底该怎么办呢？很简单，**爱自己，真心地爱自己，包括爱自己的不完美，爱自己不完美的个性**。

找到减轻压力的方法

压力是每个人都要面对的，基本可以分为两种：一种是好的压力，它能使人振奋，可以使肾上腺激素快速上升，让你处于一种应激状态，从而高效率地完成任务；还有一种则是相反的压力，它会使你变得紧张，甚至失去应有的理智。特别是对于那些抗压能力比较弱的人，更是手足无措。

其实面对压力，我们大可不必如此。因为无论是什么压力，都是人制造出来的。这也就表明，绝大部分压力是我们可以解决的。很多人一想到要面对的压力就感到焦虑和恐慌，一件事还没开始做，想到其中的困难就先被吓倒了。直到自己真正做了才发现，这件事情其实很简单。

减轻压力很简单，只要培养一个习惯就可以了：在大脑中不留任何事情。据说人的大脑中堆积问题的多少与其解决的效率成反比。也就是说你大脑中堆积的事情越多，解决起来也就越慢，效率也就越低。

那么该如何解决呢？用你的笔来代替你的大脑，把要解决的事情写下来，而不是记在脑子里，然后再慢慢去解决，一步一步地来，直到解决完之后再回头看，你会发现其实压力真的很容易解决。有一个很管用的抗压办法不妨一试。当我们感到压力很大的时候，可以这样去想：有什么可以焦虑的呢？我们所担心的事情，大约有70%还没有发生，而20%已经过去，只有10%是正在发生的。也就是说你只需要全力做好这10%的事情就可以了。

我们很多时候总是把根本就没有发生或者现在不会发生的事情当成一种压力防备着，这就是压力的来源。因此，有人总结出这样一种抗压方法：保持一种“游戏”的心态，把任何东西都变得有趣和好玩，压力自然就减少了。当然这还需要自己的努力才能做到。

好心情只有自己能给自己，保持好心情也只有自己能够做到。要幸福就要随时给自己一份好心情。

总是被必然的事折磨

面对不幸，单纯的女人往往选择逃避。但是问题并不会因此得到解决。哲学家威廉·詹姆斯说："要乐于承认事情就是这样的情况。能够接受发生的事实，就是能克服随之而来的任何不幸的第一步。"当不幸降临，努力说服自己去接受的女人，才不会让忧伤毁了自己的生活，才能微笑着继续过下去。

幸与不幸，在于我们的选择

张艾嘉，从叛逆少女到金马影后，从未婚妈妈到两次婚姻，从名演员到大导演，她的举手投足间似乎都在制造新闻，似乎天生带着光环，赚满人气。而今的她变了，开始变得随遇而安，平易近人，懂得了享受无处不在的快乐；更重要的是，她明白了做普通人的乐趣。而这一切的转折点，便是她的爱子被绑架事件。

张艾嘉在爱子被绑架案结案之后，面对媒体有这样一番话："一直以为最重要的是盛名，时时处处想保持常青，不管是婚姻还是儿子，都当作自身招牌的一点金漆，从未将自己从高处放下，好好审视一下生活。直到儿子的生命受到威胁的时候，方才明了最珍贵的财富并非那个熠熠的金字招牌。熙熙攘攘，皆为利来；攘攘熙熙，皆为名往。以前，我就是攘攘熙熙中的一分子，结果从相夫到教子一败涂地。”

在儿子五岁那年，张艾嘉带着儿子拍摄专题片，轰动香港。又带他回台湾参与国际品牌的童装展示会，上台走秀，红遍了台湾地区。她利用自己的知名度不遗余力地将儿子打造成了第一童星。可是，在经济不景气的香港，儿子作为曝光率高的明星却被绑匪盯上，绑匪开价两千万元港币，限她三天后交钱，否则就撕票。在香港警方的协助下，虽然有惊无险，但是儿子却从此得了自闭症。咨询了无数心理专家，得到的建议只有一个——时间疗法。张艾嘉咽下眼泪，接受了现实，她告诉自己：有什么大不了呢？老天对我很宽厚了，已经把活生生的儿子还给了我。

她开始学着用母爱的本能来感化孩子，给孩子充分的自由，摈弃牛排去啃汉堡包；同意儿子请同学回家来闹得翻天覆地；让他开始穿便宜的T恤和牛仔裤；节假日的时候，带他出去旅游，放任他自己挑选目的地和所有的旅游项目。三年后，张艾嘉的儿子痊愈了，张艾嘉也从此更加珍惜现在拥有的一切。

正所谓，天有不测风云，人有旦夕祸福。人生在世，生活中不如意的事情谁都可能会遇到。世界上的有些事情是可以改变的，有些事情则无法改变，诸如亲人亡故、各种自然灾害的发生。既然已经成为既定的事实，就要坦然地去面对；否则，只不过是徒增哀伤而已。

接受不能改变的事实

一位离异多年的女子，因为离婚大战而显得特别憔悴和苍老，在街头偶遇她的一个女同学，依旧美丽如初。同龄的她不禁猜测对方一定婚姻幸福，家庭和睦，闲聊中才得知，原来这位女同学已离异多年，但她并没有自暴自弃，在接受不可改变的现实后，她没有固执地哀怨离婚的苦楚，而是重新开始优雅的生活。

可见，只有接受不能改变的现实，才能够让自己获得新生。张艾嘉如此，这位优雅的女同学亦然。

女人在一生中，扮演着不同的角色，当平静的生活遭遇意外的时候，应该学会接受它、面对它，只有正视和面对困难，才能真正地寻找到解决问题的办法。

对于爱人，一旦选择了就不要轻易地改变，与其抱怨他，不如接受他，赏识他的优点，接受他的缺点；对于职业，既然选择了就不能轻易改变，与其发牢骚，不如踏踏实实地做好它；对于容颜，更是与生俱来不可改变的，与其自卑难堪，不如抬起头，自信地大踏步向前走。“改变能改变的，接受不能改变的。”这何尝不是一条不变的真理？

女性朋友们，接受那些不可改变的事实是一种勇气，拿出这种勇气向幸福的彼岸冲刺吧！

活在别人的世界里

单纯的女人容易被别人的想法左右。她们总是习惯于接受外界的信息暗示，心理学上将这种倾向称为“巴纳姆效应”。这是一种很普遍的现象，但是其中却存在着一个至关重要的问题。假如接收的信息是积极的，那自然是一件好事。但如果信息是消极的，那就会影响心情，使你情绪低落或者焦虑不安。

我是谁由别人决定

20世纪四五十年代，简奈特·弗兰在一个道德严谨的村落长大。她从小就胆小怯懦，比如她的兄弟姐妹听到父亲下班的脚踏车声，就会兴高采烈地迎上去要粗糙的糖果，只有她站在远处。如果糖果不够分，肯定是她两手空空。父母经常唉声叹气，唠叨她不正常。

时间久了，她也就相信自己不正常了。上学的时候，她不能像其他孩子一样很快融入新环境，她总是交不到新朋友。为了帮她调整心态，父母不得不一次又一次给她转换学校，但始终没有太大改观。

而且，她还总是用一些奇怪的字眼来描述一些极其琐碎不堪的情绪。家人听不懂她的想法，同学也搞不清楚，老师也认为那只是她的呓语与妄想。

为此，父母也没少带她去看医生。最开始的时候，医生给她的诊断是自闭症；后来，也有诊断为忧郁症的。再后来，她脆弱的神经终于崩溃了，她住进了长期疗养院，又多了一个精神分裂症的诊断。她惶恐着、逃避着，默默地接受各种奇奇怪怪的治疗。

医院的日子是落寞而空虚的，好在医院里摆设着一些过期的杂志。有的是教人如何烹饪、裁缝，如何成为淑女的；有的谈一些好莱坞艺人的幸福生活；有的则是写一些深奥的诗词或小说。她没事的时候就翻看，反正闲着也是无聊，她索性就通过那些地址投稿了。

让人意想不到的是，那些在家里、在学校或在医院里，总是被视为不知所云的文字，竟然在一流的文学杂志刊出了。

这让医生有些尴尬，取消了对她“精神病”的治疗。她出院了，并且凭着奖学金出国了。后来在最著名的Maudsly医院，英国精神科医师经过对她两年时间的观察，才慎重地给她开了一张证明没病的诊断书。那一年，她已经34岁了。

一个从小被认为“不正常”的小女孩，被医生诊断为“精神分裂症”的患者，在经过几乎半辈子的时光后，终于挣脱了别人言论的樊笼，成为众所公认的当今新西兰最伟大的作家。由此可见，来自外界的信息暗示对一个人的影响是多么大！

女人更要对自己有清醒的认识

在这一点上，女人通常比男人表现得更为明显。这就是为什么有那么多女人热衷于心理测试、塔罗牌游戏，以及天桥路边的算命占卜等的原因。不少女人对算命先生的话深信不疑，为之耿耿于怀，甚至日夜不安。

比如，某些杂志的心理测试中说“你很需要别人喜欢并尊重你”，“你喜欢生活有些变化，厌恶被人限制”，“你有许多可以成为你优势的能力没有发挥出来，同时你也有一些缺点，不过你一般可以克服它们”，“你与异性交往有些困难，尽管外表上显得很从容，其实你内心焦急不安”，“你有时怀疑自己所做的决定或所做的事是否正确”，“你有时外向、亲切、好交际，而有时则内向、谨慎、沉默”。相信很多女人对此都会深信不疑，并惊叹这测试真够准的。

其实，这是一顶套在谁头上都合适的帽子。你以为对自己描述很准的语言，其实90%的人都会觉得很准。你以为自己被说中了心事，其实100个人中，多半人都会是这样的答案。

女人天生敏感，更容易受到周围信息的暗示，并把他人的言行作为自己行动的参照，以致在环境当中迷失了自己。

女人，要避免被外界的信息奴役，尤其是被那些消极的信息影响心情，这就需要正确地认识自己。早在两千多年前的希腊石柱上就写着“认识你自己”，这是一个亘古不变的话题。

如果你不能认识自己，只是盲目地依靠别人界定自己，你的心情和生活就会被别人主宰。只有保持一颗恒定淡然的心，做真实的自己，美好的命运才会光顾到你的头上。

不做爱嫉妒、虚荣、抑郁的女人

女人越单纯，内心越脆弱。爱嫉妒、虚荣、抑郁是让女人沦陷的三剂毒药。很多女性的心理都是相当脆弱的，或者说是不健康的。那么到底该如何做才能让自己的心理变得健康起来呢？

爱嫉妒的女人的幸福处方

嫉妒是痛苦的最大制造者，同时是婚姻的最大破坏者，更是心灵上的一颗毒瘤。针对女性的嫉妒，专家的心理处方如下。

处方一：树立正确的价值观。我们所谓的成功并不是和别人进行攀比，成功有好多种：改善生活、体现自身价值、为他人做贡献等。因此，当发现别人在某一方面超过你的时候，你一定要告诉自己，自己肯定也有某一方面是超过他的。这表面上看是在安慰自己，可实际上是让自己树立一种正确的价值观，有了正确的价值观就能在别人有成绩时，肯定别人的成绩，并且虚心地向对方学习。

处方二：树立健康的竞争心理。如今的竞争无处不在，有人成功，有人失败。当看到别人在某些方面超过自己的时候，不要盯着别人的成绩怨恨，更不要企图把别人拉下马。如果你这样做了，就表明你的竞争心理是不健康的。在自己不如人的时候，你可以往后看看，后面还有很多不如你的人，这样心理上就会平衡一点儿。当然，这种方法并不是很好，对自己的成功没有什么好处，最好的就是采取正当的策略和手段，在“干”字上狠下功夫，努力努力再努力，直到你成功的那一天。

处方三：提高心理健康水平。一个心理健康的人，总是胸怀宽阔，做人做事光明磊落，即便看到别人在某些方面超过自己，也不会眼红，只会衷心地表示祝贺；而心胸狭窄的人，恰好相反，表面上是祝贺，而实际上是嫉妒，恨不得把对方的成绩毁得一干二净。

虚荣心太强的女人的幸福处方

有虚荣心的人，至少受到两种折磨：一是没有达到目的之前，为自己不如人的现状所折磨，这是一种等待的折磨，更是一种不甘心的折磨，这种痛苦是难以言状的；二是达到目的之后，为惧怕自己的真相暴露所折磨。因为有虚荣心的人在面对自己成绩的时候，总是保持一种玄虚的状态，不愿意让别人知道她是怎么成功的，唯恐别人知道了这个途径之后也会走向成功，从而给自己造成威胁。因此，无论是成功之前还是成功之后，她们的心灵总是痛苦的，是没有幸福可言的。所以有人总结出：虚荣心强的女人是魔鬼。

那么你想成为这个魔鬼群中的一员吗？你还想要你的优雅吗？如果你想成为一个优雅的人，远离魔鬼群，那么请你抛弃你的虚荣心。

处方一：珍惜自己的人格。崇尚高尚的人格可以使虚荣心没有抬头的机会，当然，这需要很长时间的心灵修炼。

处方二：克服盲目攀比心理。俗话说：“人比人，气死人。”如果经常拿自己的缺点去和别人的优点比，心理永远都无法平衡，这样就会促使虚荣心愈发强烈，心理就愈发不平衡，最后导致优雅尽失。如果一定要比，就跟自己的过去比，看看各方面有没有进步，在这种进步中，找到自己的价值所在。

处方三：追求真善美，让自己的心境趋于平和。一个人追求真善美就会让自己的心境趋于一种平和，也就不会通过不正当的手段来炫耀自己，就不会徒有虚名。

抑郁的女人的幸福处方

抑郁是女性中一种常见的心理疾病。我们常常看到，很多女性总是眉头紧锁，用过分敏感的眼神和心灵去揣摩别人的一言一行，甚至为了躲避所谓的困难而拒绝和任何人交流；即便是交流了，也处处提防着对方，生怕对方伤害到自己。这就是典型的抑郁症的表现。

那么，面对这些患抑郁症的女性，专家开出的心理处方又是什么呢?

处方一：充分利用颜色的心理效应。暖色调或者是亮色调的衣服总会给人一种积极的感觉，而冷色调或者是暗色调会给人一种烦闷、抑郁的情绪。因此要想让自己的抑郁情绪变得少一点儿，最好多穿暖色调的衣服。

处方二：多接受音乐的熏陶。音乐是最好的心理良药，因为音乐容易进入人的潜意识，特别是那些轻音乐，更能和人的感情产生共鸣。只要人在潜意识里有了一种共鸣，也就会对人起到一定的影响，让我们的心灵得到一次又一次的净化，这样，我们的抑郁情绪就会慢慢得到改善。毕竟潜意识比意识对人的影响更大。

处方三：增强自己的自信心。缺乏自信心也是一个人变得抑郁的原因之一。由此可见，增强自信心对于一个抑郁的女性来说是非常有必要的。那么如何做才能增强自己的自信心呢？有一个很好的方法不妨一试：走路时抬头挺胸，提高嗓音说话，刻意地和人交往。坚持几天就可逐渐建立自信心，从而减少抑郁。

处方四：多参加活动，增加自己的交际面。很多女性除了上班挤车就是下班做家务，这是一种非常不好的生活方式，因为如果一个女性长期生活在这样一个模式中，肯定会让自己的神经处于一种麻木状态，体验不到生活的快乐。因此，最好的办法就是让这些女性脱离这种单调乏味的生活，在两点一线的生活基础上，加进一些生活的乐趣，比如说参加朋友聚会、出去旅游或者养成每天散步的习惯，在散步中将一天的郁闷排除出去。

处方五：多与性格开朗的人交往。与人交往，在很多时候还要选择和什么样的人交往。如果你是一个抑郁的人，最好选择与那些性格外向、开朗活泼的人交往；否则，你将永远停留在那个抑郁的心理里面，永远都找不到快乐的那一天。

第二章

不想处处碰壁，就要学会为人处世的艺术

该放弃的时候不要过于留恋

现代社会似乎给我们描绘了一幅前景大好、欣欣向荣的财富画卷，而一个个荡气回肠、神乎其神的成功故事，则更令我们激昂冲动、意乱情迷。于是，在众多海市蜃楼般的诱惑面前，单纯的女人往往会忘却理性的分析和选择，不懂得放弃而执着于自我内心的反复的挑战和尝试。

什么时候我们都要有从头再来的勇气

“超女”尚雯婕毕业于复旦大学外语系，刚刚毕业的她就获得了令众多人羡慕的高薪职位。然而，她一直都没有忘记心中那个狂热的梦想——音乐，她的生命里不能没有音乐。

当“超级女声”的选拔拉开帷幕时，她毅然辞去高薪工作，全力以赴地投入到自己的追梦旅途。“超女”帮助她实现了长久以来的音乐梦想，虽然尚雯婕不漂亮，也没有显赫的家世，但音乐让她活得比以前更加快乐和充实。

尚雯婕可能很早就想明白了，只有追寻内心最蠢蠢欲动的梦想，才能获得最大的自由。但是真正放开去追逐，却是在她作为普通人在学业、职业上取得初步的成功之后。

同是“超女”的许飞则是放弃了父母的呵护和家庭的庇佑，只身“北漂”，为了同样的音乐梦想放弃了大多数女孩最珍视的东西。相对尚雯婕而言，许飞是幸福的，因为她在没有太多需要顾虑的年龄时就毅然做出了选择。而尚雯婕为了追逐梦想，放弃了太多东西。但是她们都没有后悔，因为她们都获得了比之前更让自己心动的东西。

可是，在不断赶路的过程中，你有没有想过，你终究想要什么样的生活呢？月薪6000元的工作能让你开心吗？100多平方米的房子能让你有安全感吗？你对自己现在的生活打多少分？6分？8分？或者更多，甚至更少？当你对自己的生活方式不满意的时候，你想过改变吗？当大家都用尽全力向着大城市猛扎，都以不惜牺牲健康来换取高薪的时候，你有没有想过这是不是你想要的生活?

如果努力争取的东西与目标无关，或者目前拥有的东西已成为负累，或者劣势大于优势，那么还不如放弃。当你放弃了本不该属于你的东西，你可能会突然发现，你已经拥有了你曾争取过而又未得到的东西。“放弃有时比争取更有意义”，这是由美国电话电报公司前总裁卡贝提出的卡贝定律。

这条定律告诉我们：**在未学会放弃之前，你将很难懂得什么是争取。女人应该懂得，适当的放弃会让你收获更多。**

对不适合的东西放手

幸福其实是一种心境，它和你拥有多少金钱，住着什么样的房子，开着什么样的车，是没有关系的。每个女孩都应该主动去选择自己喜欢的生活方式，包括你喜欢生活在什么样的城市，喜欢一周工作5天，每天工作8个小时，还是宁愿少赚一点儿钱，但是生活相对悠闲。如果你离不开家乡的几味小菜的话，就不应该出国去，每顿饭愁眉苦脸地吃西餐。

也许在很多大师眼中，坚持是一种征服的力量，一种精神，可是在芸芸众生里，太多无谓的坚持有时只会给生活带来更多的麻烦。而学会对不适合自己的东西放手，就能有柳暗花明的妙处，起到四两拨千斤的作用。

但很多时候你内心的蠢蠢欲动都被你一直压抑着。也许你会安慰自己说：过段时间就不会有这种感觉了。可事情往往是，时间日复一日地逝去，你内心的渴望却越来越强烈。不要拖延了，拖延得越久你就越放不下现有的东西。

你会放弃每天向老板报到，月底看着工资卡里面渐长的数字，偷笑着盘算该如何去花的安稳日子吗？你会放弃身边朋友羡慕的眼光吗？一个收入稳定的白领女孩放弃一切而投入对梦想的追逐中，这的确需要莫大的勇气。

但人生就是这样，总是有许多矛盾的东西。有的东西，一直想要，几经周折拥有后，却发现它并非自己真正想要的。还有的东西，一直拥有，几经思考放弃后，才明白它就是那个你一直追寻的目标。有的东西很远，你却要努力想象成就在身边；有的东西很近，你却浑然不觉它的重要，一心想要逃离它的怀抱。

生活中，你不可能什么都得到，所以你应该学会放弃。

学会放弃，在落泪前转身离去，用泪水换来的东西是不牢靠的；学会放弃，将昨天埋在心底，留下最美好的回忆；学会放弃，让彼此都能有个更轻松的开始。既然你已尽力，却仍无法挽回，那么，你就应该学会放弃。抓着不放，只会让你一味沉溺于回忆和痛苦中以致萎靡不振。一个女人倘若将一生中属于自己的和不属于自己的都背负在身，那么纵使她有一副铁骨，也会被压倒在地。放开手，让它随记忆的风逝去吧！你会发现另一片天地，芳草萋萋，花开正浓。

女人不要太单纯，需要学会放弃，放弃费精力的争吵，放弃没完没了的解释，放弃对权力的角逐，放弃对金钱的贪婪，放弃对虚名的争夺……凡是次要的、枝节的、多余的，都应放弃。人生百态，以一颗成熟的心去品味生活，总会得到更多的惊喜！

别逢事就抱怨，别遇人就唠叨

著名的心理学家特曼博士对1500对夫妇做过详细调查。研究表明，在男人眼中，唠叨、挑剔是女人最大的缺点。另外，盖洛普民意测验和詹森性情分析发现：任何一种个性都比不上抱怨、挑剔给爱情带来的巨大伤害。所以女人，永远都不要以为自己的抱怨能改变男人什么，这不过是一种无谓的挣扎，绝对无益于你的婚姻。如果想获得男人的宠爱，还是及早地收起你的抱怨吧，别让它带走你的幸福。

抱怨是幸福的天敌，单纯的女人往往顾此失彼

以下是一个男人对自己妻子的形容：

“我再也受不了她的吹毛求疵、无休无止的抱怨和骚扰了。从我回到家一直到上床睡觉，她的抱怨声总是不断。

“我们之间的关系已经到了这般境地：我们唯一的交流就是她抱怨我今天还有什么没做，这周还有什么没做，这个月还有什么没做，甚至指责我从

结婚以来还有什么没做。

“我的处境如此艰难，以至于我下班后都不想回家，而是主动要求老板给我增加工作。你相信吗，我宁愿加班也不愿意回家。她那无休止的抱怨是对我的巨大折磨。因为害怕她的抱怨，每到回家的路上我就开始头疼。按常理来说，事情完全不应该是这样的啊！我应该高高兴兴地下班，高高兴兴地回家去见她才对啊！

“我父亲曾经说，所有的女人都有爱抱怨和唠叨的毛病。直到结婚以后，我才真正相信这句话。我的朋友们也告诉我，他们的妻子也是一天到晚不停地抱怨。难道这是女人的天性吗？”

在这个地球上，大多数女人拥有比男人更善于说话的大脑“硬件”，女人比男人的言语能力要强得多。这就说明了为什么从女人的角度来看，男人总是那么沉默寡言；而从男人的角度来看，女人总是喋喋不休。

陶乐丝·狄克斯认为：**“一个男性的婚姻生活是否幸福和他太太的脾气性格息息相关。如果她脾气急躁又唠叨，还没完没了地挑剔，那么即便她拥有普天下的其他美德也都等于零。”**

卡耐基也在《人性的弱点》中说道：唠叨是爱情的坟墓。但是，很多女人并没有意识到这一点，而是以为自己的唠叨是对他的爱，以为抱怨可以改变丈夫的缺点。而不少男人都因此对女人表现出厌烦的情绪，常常采取的对策不是装聋作哑，就是躲避逃跑。

苏格拉底的妻子兰西波是出了名的悍妇，为了躲避她，苏格拉底大部分时间都躲在雅典的树下沉思哲理。杰出的大人物，例如法国皇帝拿破仑三世、美国总统亚伯拉罕·林肯，都受尽了妻子的唠叨之苦。而恺撒之所以和他的第二任妻子离婚，是因为他实在不能忍受她终日喋喋不休的抱怨。

不要打击男人的自信心

生活中，许多男性垂头丧气，没有斗志，多半都是因为他的妻子打击他的每一个想法和希望。她无休止地长吁短叹：为什么自己的丈夫不像别的男性会赚钱？为什么她的丈夫写不出一本畅销书？为什么她的丈夫得不到一个好职位？拥有一位这样的妻子，做丈夫的实在泄气。确实，奢侈浪费给家庭带来的不幸远远比不上抱怨和挑剔。

既然如此，一个渴望事业成功的男人，又怎么愿意娶一个成天抱怨生活的女人为妻呢？

其实，除了对丈夫，引起女人抱怨的事情还有很多。如果你养成了这样的习惯，生活中的一切都会成为你抱怨的对象：你抱怨没有一个有钱有势的老爸，你抱怨世道不好，你抱怨自己就读的学校不是名校，你抱怨中午的工作餐简直难以下咽，你抱怨工作差、工资少，你抱怨空怀一身绝技却没人赏识……

你有那么多的理由和事情要抱怨，但是不知道恰恰是你的抱怨使你所处的状况越来越糟糕。你的工作没做好，上司自然会找你麻烦；你不注意减肥，当然没有适合你的衣服；你不看天气预报，被雨淋了又能怪谁？更有不少人自命清高、眼高手低，动辄感到被老板盘剥，替别人卖命、打工，是别人赚钱的工具；你不善待丈夫，他自然会在外边找寻温暖；你把大好的光阴和大把精力都白白浪费在了抱怨上，最后无所作为又能怨得了谁呢？

当你拿着画笔在纸上挥毫，也意味着这些印迹将永久地留下来。如果你对自己的作品不满意，就收起，或者扔掉，不要抱怨自己的失误，不要抱怨别人打搅了你的思维，更不要抱怨你因此而浪费了一张纸。如果你的心在抱怨的污水里泡了太久，就会喘不过气来，变得烦躁不安，直至惨淡无比，再也没有心情去画画。

其实，婚姻里的女人不是不幸福，只是由于得到的太多，没有意识到去珍惜。幸福是需要提醒的，因为人们常常身在福中不知福。人们经常以为已经永远失去了幸福，其实错了，幸福一直都在你身边。

聪明的女人，永远都别指望通过自己“不懈”的抱怨能改变什么，它只能让幸福离你越来越远。如果想获得快乐，就珍惜已经拥有的幸福，及早地收起你的喋喋不休吧。

要管好别人首先要管好自己

单纯的女性坐上管理者的位子，会犯这样一个错误：总是一味去要求员工，却放纵自己。事实上，一个没有能力管好自己的人，是绝对没有能力管好别人的。如果领导者做不到律己，就会使员工逐渐失去对自己的信任。要树立领导威信，让员工更加信服你，那么作为管理者的你就应从自己的每一句话开始，从自己的每一个行动开始，做到严于律己，以身作则。只有这样，才能使员工认为自己的领导是值得信赖的，才能增强他们的责任感。

只有做好自己才能拥有领导力

表率效应是指领导以身作则，下属就会自觉追随。领导的以身作则会对下属起到积极的示范作用，相反，领导不自制的行为也会给下属带来一种歪风邪气，从而不利于整个团体的发展。随着社会的进步和时代的发展，领导岗位上男性打天下的局面已经被打破，越来越多的富有个人魅力的女性面孔频频出现。要想成为一名优秀的女领导，让人信服，就要不断地完善自己，以自己独特的领导魅力和卓越的工作成绩构筑辉煌的事业大厦。

孙小梅是一家公司的主管，有人留意了一下，她只有上班和下班那一刻在办公室，其他时间都不见人影。最近她接到公司员工对她下属菁华的投诉。原来，菁华倚仗自己是公司的老员工，经常让别人代打卡，而且一打就是好几天。由于是网上打卡，找她办事的人总是以为她还在公司，可是打她手机，才发现她已经休息了。

面对投诉，菁华坚决不承认，甚至对投诉她的同事伺机报复，后来便没人再敢说她。孙小梅还了解到，菁华居然每个月必定会休息一周，而且不用请一天假。帮她打卡的同事也没有办法，主要是怕自己在工作上被刁难。

孙小梅被公司老总叫去谈话，要求她对手下的员工起到表率作用，而且明确告诉她，最近公司走了的一大批员工，最后做离职面谈时，谈到最多的问题就是很多人质疑公司的规章制度和监督制度。

孙小梅做了很多工作，才将菁华说服。当一个人的诚信出现问题的时候，是不是她的工作能力也随之退步了呢?

从孙小梅所在公司出现的现象来看，如果你不能够对自己严格要求，那么有时很小的一个细节或许会引发一场公司的危机。试想如果你是个不修边幅，不注重外表的女上司，你的员工可能会因此不注重细节上的变化，工作效率低下；如果你喜欢口头承诺，不及时兑现，你的员工可能就会因此养成口是心非的毛病，做事推诿，完成的工作只是表面文章，那么你只能面对收拾残局的下场。

孔子曾对鲁哀公说：“政者，正也。子帅以正，孰敢不正。”唐太宗李世民则说：“若安天下，必须先正其身。”律人必先律己，高情商的企业管理者，要想管好别人，首先要从管好自己做起。

先管好自己是女性管理者的行为规范

在职场上，出色的女性管理者，懂得严于律己，以行动服人。她们不会让自己独立于各种规章制度之外。她们往往身体力行、为人表率，用自己的实际行动来影响和带动身边的人。

具有这种特征的女上司，往往“其身正，不令而行”。肖雪在一家世界500强的外企公司上班，她说，至今都不能忘记她的一位女上司微笑处理事情的方式。这位女上司让她明白，微笑能展示一个人的魅力，如果无论何时都能面带微笑去解决问题，那么什么棘手的难题都能解决。很多时候，或许问题很简单，但是面对你认真严肃的表情，人们选择了逃避和放弃，而甜美的微笑，往往是解决问题的美好前奏。

但是，如果作为职场中的女性管理者，你经常迟到、早退，让你的下属萌生不平之意；或者你不能及时批复未决文件，以至于影响了员工的工作进度；或者事情一出错就推给下属“背黑锅”，令下属苦不堪言，那么你的职场生命也会耗竭。你所面对的不仅仅是工作本身所带给你的压力，更多的还是失去一个管理者的尊严和权威，让自己周围徒增出很多不必要的麻烦。

作为职场中的职业女性，当你遇上棘手的难题时，你的反应不应是推辞而是寻求解决；遇上困难时，你的选择也不应是轻言放弃而是知难而上。用这样的行动来影响自己的团队，通过自己的努力，多做尝试，那么你所在的团队必定会在你的影响下取得成功。

职场中的女性领导者，要学会如何运用表率作用，让自己拥有振臂一呼，应者云集的能力。**要做到正人先正己，对自己严格要求，以身作则，养成良好的职业习惯和道德修养，以提升自己的人格魅力。做到了不以权势慑人，而是以自己的人格魅力招徕追随者，这样你必定会成为一个成功的领导者。**

工作时的不快乐，要靠我们自己解决

早上你带着万分痛苦的心情磨磨蹭蹭地到了公司，情绪低落地开始工作。工作的过程中你不时地看表，盘算着下班的时间。时间一到，你就立马又有了精神。和朋友聊天时，总不忘描述工作带给你的痛苦……这是很多女人都有的常态，她们在抱怨自己的工作平凡单调的同时，总是会向那些优雅时尚的白领、光彩夺目的明星投以万分羡慕的眼神。其实导致你生活不精彩的并不是你的工作，而是你自己，是你剥夺了自己快乐的权利。

为什么说我们自己剥夺了自己快乐的权利

有一位女孩做的是速记员的工作，在很多人看来，这种整日填写表格、整理统计资料的工作实在是枯燥至极。

这位女孩开始也这么认为，但她后来找到了兴趣点——和自己比赛。她每天会先计算自己早上填写了多少表格，下午再努力超过这一数目，第二天再想办法做得更好。

最后，她比别的速记员做得都快，得到了老板的嘉奖。但这并不是她最快乐的，最快乐的是她不再觉得工作是煎熬了，她发现了工作中的乐趣，再也不会因厌烦工作而产生疲劳感。

要知道，任何一项工作都不像娱乐，能带给人许多感官的愉悦，也不可能很轻松有趣，除非你发现其中吸引你的东西。工作本身并不痛苦，只是很多人没有挖掘其中的兴趣点。哪怕是再单调的工作，只要你愿意，都可以从中发现乐趣。

如果把“工作”的英文“job”分开，你会发现，j=joy(快乐)、o=office(办公室)、b=best(最好)，组合在一起就是说如果我们把工作做到最好，我们就会得到快乐！工作真的没有你想得那么沉重，只要你对它有足够的热爱，就能享受工作带来的快乐。因为热爱，所以投入，不是被动地接受工作，而是主动去挖掘工作的乐趣。

对工作产生兴趣不仅能让你忘却烦恼、减轻疲劳，还能让你工作起来更有效率。从长远看，还可能让你得到升迁和加薪的机会，甚至能创造自己一生的事业。许多年轻女性频繁地更换工作，觉得一份工作做了一段时间后就倦怠了。**其实，每一份工作都是有营养的，而汲取营养的过程正是工作的乐趣所在。工作带来的快乐并不是直接的、感官上的，而是精神的愉悦和成就感。**

把工作当成事业来干

如果你只把工作当作一件差事，那么你就很难倾注热情。而如果你把工作当作一项事业来看待，情况就会完全不同。

记得有这样一个小故事：三个人同是一个小镇上的石匠，当有人问起他们的工作是什么的时候，第一个石匠说，我每天的工作就是搬石头来砌墙。第二个石匠说，我的工作是需要用能力来把墙砌牢固，这样房子才会更加结实。第三个石匠则说，我的责任十分重大，这是镇上的第一所教堂，我要将它建成百年的标志。几年过去了，第一个人还是镇上的一个石匠，第二个人成了一个包工头，而第三个人则成了建筑工程师。

三个人前途的差别就在于他们看待自己工作时的角度不同。如果你只把目光停留在工作本身，那么即使是从事你最喜欢的工作，时间一久，你依然很难保持对工作的激情。而如果你把工作中的每一个小细节都看成在为自己的事业做准备，把目光放得长远一点儿，拟定合同的时候想着几百万的订单，收集资料时想着在招标会上夺冠。这样，你还会觉得自己的工作是周而复始、枯燥无味的吗?

美国速滑选手邦妮·布莱尔在速滑项目得到第五枚金牌后接受访问时说："我只是在享受我爱做的事情罢了。"比尔·盖茨说："我认为关键在于你能从每天的工作中得到乐趣。对我来说，这种乐趣是与非常有魅力的人共事，致力于解决新问题。"

工作占据了我们生活的1/3，有的人甚至更多，如果你不去试着喜欢你的工作，那你永远也无法从中找到快乐。实验证明，内心整天苦闷的人会比那些辛苦的体力劳动者更容易疲劳。如果你试着发现工作中的乐趣，你就不会觉得枯燥乏味——即使你工作的时间很长，也丝毫不会觉得是在工作，反倒像是在做一个有趣的游戏。

正所谓"有兴趣就有活力"，试着喜欢你的工作，你的生活会变得更加轻松愉悦!

接受错误就是收获正确

假如我们已经犯了错误，并且意识到有可能会为此而受到责罚，那么，我们为何不先主动地找出自己的缺点，做个自我检讨呢？那大概要比从别人口中听到指正与批评要好受得多。任何一个愚蠢的人都会极力为自己的过错掩饰或者辩护，这只能使结果越来越糟。而那些敢于接受并承认自己过错的人，会因及早找到正确的方法而更加出类拔萃，并由于诚实而得到意外的青睐和信任。

每个人都有犯错误的权利

人非圣贤，孰能无过，女人在犯错后往往茫然失措，不知该怎么办，不敢承认也不敢正视，这往往会让事情变得更为糟糕。**女人太单纯，往往会钻牛角尖，这是不对的**。**要知道，接受错误其实就是收获正确**。

一个下午，天空刮着大风，一个残疾的中年妇女摇着轮椅拼命追赶飘散在风中的好几张报纸。她用尽力气想抓住它们，然而风实在太大了，经过一番努力还是没能抓到几张。

几个好心的人过来帮忙，大家费了很大劲把报纸都收回来之后，好奇地问她追赶这些报纸干什么。

妇女面色苍白地说："老板派我将几捆报纸送给客户，到了我才发现少了一捆，于是赶紧回来找，却看到报纸被风吹得到处乱飞，只能一张一张地捡。"

"可你这样的状况很难解决问题，为什么不向老板说明情况呢？"有人问道。

"连这些事情都办不好，老板该觉得我多没用啊！"妇女神色黯然地说。

由于每个人总有缺点，所以犯错几乎是不可避免的事情。很多女人犯错之后，脑子里出现的第一反应便是遮掩和隐瞒，害怕承认之后会丢面子。

其实，承认错误并不是什么丢脸的事。反之，在某种意义上，它还是一种具有"英雄色彩"的行为。因为错误承认得越及时，就越容易得到改正和补救。而且，自己主动认错总比被别人指出之后再承认更好一些，也更容易得到别人的谅解。更何况一次错误并不会毁掉你今后的道路，真正会阻碍你的，是那不愿承担责任，不愿改正错误的态度。

承担错误没什么大不了的

女人应该勇于承认自己的错误。不要总害怕承认之后需要付出代价，担心被别人瞧不起，坦白自己才能获得更大的成功。

国内某知名女歌星，她的音色动听，极富个性魅力和艺术感染力，她的歌声饱含强烈的个性色彩，她以独特风格以及端庄典雅的舞台形象征服了听众的心。然而她却被曝光在全国10个省演出的100场中，少缴税100多万元。

因为这次偷税行为的曝光，她被某周刊评为“不受欢迎的十大明星”之一；当人们将周围收入微薄的老百姓倾力赈灾的感人事迹和她的行为做对比后，更是对她这位腰缠万贯却大量偷税的“明星”投去鄙夷的目光。最后，在听证会上，她通过代理人表示，对自己签订假合同的行为追悔莫及，并借此机会向大众表示深深的歉意。如今她的歌曲依旧在不停地被传唱。

勇于承认错误，为这位女歌星带来了公众的信任。其实，一个人有勇气承认自己的错误，也可以获得某种程度的满足感。这不仅可以清除罪恶感和自我保护的气氛，而且有助于解决这项错误所制造的问题。

千万别为了面子隐瞒自己的过错，这样也许能让你在一段时间内不被人嘲笑，却丝毫无益于问题的解决。在掩饰的同时，不妨想想你为了寻找借口而花费的那些时间和精力吧。

犯错之后，最简单的方法就是干干脆脆地承认，然后从中获取力量和解决问题的方法。

承认错误后的女人，如果是女领导，下属会因此而尊重你，会更加心悦诚服地听从你的命令；如果是自己的朋友，朋友会因为你的坦诚，而变得更加信任你；如果是一位孩子的母亲，孩子会因为母亲的诚实，而上了人生中很重要的一课。承认错误为你赢得更多的信任、尊重和理解。

遇到问题，一拖再拖，这样的积攒，只能让你成为一个命运不济的女人。当你试图掩饰错误时，不妨试着不找借口，大胆承认。只有这样，才能真正地解决问题，得到内心的解脱。

做一个有主见的女人

单纯的女人往往以为，自己从善如流就能让自己少走很多弯路，但事事都听从别人的意见，会使生活变得黯淡无光。作为女人，学会怎样理性地面对一切，不人云亦云很重要。在职场中，如果你拥有主见，就不会因为是女性而被忽略，而是得到大家的尊重和理解；在家里，如果你拥有主见，就不会为每日的琐碎举棋不定，而将会得到丈夫和孩子的支持与敬佩；在朋友中，如果你拥有主见，就能为朋友的难题出谋划策，收获更多的友谊和信赖。可见，做一个有主见的女人才是最明智的。

勇敢地决定自己的生活方向

坚持主见是一项很能考验意志的事情。单纯的女人似乎大部分都是缺乏决断意识的，大到择业、婚恋，小到出行、购物，在做决定之前，总要习惯性地征询身边家人、朋友的意见。而且最好能多问几遍，选出频率最高的答案。这样的方式大概能让人觉得心里踏实，却不见得一定合适。

27岁的李莉，在一家外企工作。最近，又一次得到升迁的她，却发现随着事业的发展，一些生活细节正在悄然发生变化。同事们开始用“强势”“精英”“女强人”来形容她，老公也不再把她当作小女人百般疼爱了。

仔细审视一下，李莉发现自己在工作上确实比以前更果断，也更能干了，这是她一直所追求的。但在戴上“女强人”帽子的同时，她也倍感“不适”，同事的敬畏、老公的疏远，让她觉得很压抑，甚至开始犹疑：“该不该继续这样强势下去？”

朋友们纷纷劝她回归家庭，何必苦苦支撑，把自己弄得那么累？家庭才是女人该待的地方。丈夫作为一家大公司的高层，更极力游说她辞职，给出的理由非常充分：家中有人操持家务，男人的职业状态才更佳；作为女人，多逛街购物做美容，也更年轻靓丽。而这一切的前提是，他自己的薪水足以支撑这一切。“想想，这是很多女性梦想的生活呢！”李莉动心了，她很快就办好了辞职手续。但是，离开自己热爱的事业之后，李莉变得闷闷不乐，家庭琐事只会让她感到厌烦，她觉得自己就像一只被关在笼子里的鸟……

几乎每个女人都很在乎别人对自己的评价，并对此患得患失，以致为了迎合别人而不断地否定和修改自己。其实，那些对你指手画脚的人自己也不知道他们遵从的规则。**不要奢望所有人都支持你的选择，也不要期许所有人都喜欢你的风格，生活是你自己的，你更要听从自己内心的想法而不是随波逐流。**

做有主见的女人

女人不能没有主见，处事不能不决断。拿主意难，坚持主见更难，盲目自信是固执，偏听偏信是糊涂，正确的主见都是事物本质的反映，坚持正确的主见就是坚持真理，就是坚持胜利，而真理总是被少数人发现，再被多数人所认同。

歌德曾说："每个人都应该坚持走自己开辟的道路，不被流言所吓倒，不受他人的观点所牵制。"

虽然我们每个人绝无可能孤立地生活在这个世界上，几乎所有的知识和信息都要来自别人的教育和环境的影响，但你必须清楚，在人生的旅途中，你才是自己唯一的司机，你要稳稳地坐在司机的位置上，决定自己何时要停、要倒车、要转弯、要加速、要刹车，等等。只有你才能带自己去想要去的地方，去看自己想要看的风景。

女人做任何事情如果需要别人都点头，那你的事情就肯定平淡得像河边的一粒沙，更休想成就一般人不能成就的事业。

要做有主见的女人。无论你是家庭主妇、普通平凡的职业女性，抑或是职场里属于"高薪高职又仪态大方"的优秀女人，在对自己进行真实自我的触摸后，你会发现，原来自己还有相当大的潜能去挖掘更为广阔的领地。潜藏多年的梦想能够驱使你自信而大胆地向前走，你将为自我创造和超越而感到自由、快乐。

要做有主见的女人。作为天生被世人称为"弱势群体"的女性，你可能在力量、速度、胆识等不少方面都比男人差一点儿，于是难免希望男人对爱情、对家庭多承担一些。这当然合乎常理，但绝对不代表你可以因此而放弃自己奋斗的权利。

要做有主见的女人。当有一天曲终人散，你的爱人由于各种原因离开你，你变成了一个人。如果你以前过度地依赖他，你会发现自己和社会是脱离的，你根本无法独立，甚至还会感到绝望。但是如果你能在日常生活中培养自己独立的性格，那么有一天即使失去所有，你也会用自己的力量重新找到幸福。

做个有主见的女人吧！

不要让别人的闲话动摇了你的意志，学会为自己的生活喝彩，你会赢得更多的成功，收获更多的快乐！

逃避不能解决问题，单纯的女人也要能担当

遇到困难，不同的人有不同的反应。单纯的女人会逃避，会把头埋起来，选择掩耳盗铃的方式来疗伤。虽然现实有好有坏，有美也有丑，可是这才是真实的社会，是你注定要与之一生共存的。女人们不要再躲避了，面对现实吧！成长就要经历无数的挫折和失败，越是逃避越是逃不开失败的命运，敢于迎难而上的才能够品尝成功的甘甜。你要始终保持清醒的头脑，努力培养自己各方面的免疫力。即使你年纪尚轻，也要做一个生活的强者，让世界为自己所用，让现实为自己服务。

逃避能改变现实吗

作为家中的独生女，刘博一直备受亲人的宠爱。刘博也的确争气，不仅在家里很听话，在学校也是一个标准的好学生，每个学期都能捧一张“三好学生”的奖状回家。

街坊邻里的夸赞，老师号召同学们以她为榜样，都让刘博甚为得意，更

加肯定自己的一贯做法，把学习当成了唯一的使命，书本就是她的天堂；回家后，就一头钻进自己的“小天地”里，不论是周末还是漫长的假期，从来都不找朋友玩。

久而久之，刘博这种“封闭”的习惯就养成了，每天都是学校家庭两点一线，除此之外，几乎从没去过任何地方。

上了大学后，别的女孩都有了男朋友，刘博也很快有了自己的男朋友，但是这突如其来的爱情却让刘博不知所措。因为受不了她封闭的性格和因不善表达而表现出的冷漠，男朋友很快就提出了分手。失去爱情之后的刘博再度回到自己的“小世界”，而且感觉相当不错。“小世界”才是属于她的温馨空间，这里不会有拒绝，不会有不理解，不会有伤心，她心中所憧憬的完美爱情仍然在她的象牙塔里光辉灿烂。

很快，大学生活匆匆而逝，同学们都开始忙于找工作和考研，这一切让刘博再次惊慌失措。她的小世界仿佛走到了尽头，她像只迷路的小鹿，对外面的世界充满了恐惧：工作似乎是她从来没想过的事情，恋爱离自己也十分遥远。该怎么办呢？她十分迷茫，于是整天把自己关在屋子里，不出门，很少说话，偶尔翻书，然后久久地发呆。父母对刘博的状态担心极了，却不知道怎样解决。

一直躲在象牙塔里封闭自己，是导致刘博出现这种后果的根本原因。而生活中，有着类似逃避经历的女人并不在少数。

女人为什么喜欢逃避？又到底在逃避什么

一个显而易见的答案是：逃避现实。女人不想长大，不愿面对世界的真相，因为现实太无情，而女人太多情。女人自小到大，受到的教育一直是“真善美”，却发现现实生活竟有如此多的“假恶丑”，于是感到难以接受的女人们便选择了逃避。尤其是从小就置身于“被关爱”环境的女人，一旦遇到困难，便向亲朋和恋人求助，这已经成为一种本能。而男人的自告奋勇和大男子主义，相当程度上激励了女人继续逃避。

其实女人最难面对的不是客观世界，而是自己的内心。很多时候，女人根本厘不清自己的思路，不知道自己该追求什么，又该舍弃什么。于是，他们心里便充斥了太多的痛苦、挣扎与无奈。虽然她常常做别人的心理导师，但自己遇到问题时，却总觉得无能为力。这也是女人一有感情变化，就会找闺密或陌生人倾诉的原因，她必须通过一种安全的倾诉来确认内心所想。如果她找不到这种渠道，就只能逃避。

女人不愿意面对现实，与其说她们愿意屈从命运，还不如说她们更喜欢通过逃避获得怜爱，借助男人的帮助改变命运。

一个嫁给法国男人的中国女人在一个帖子里这样写道：很多女人到法国，是为了寻找浪漫，是为了逃避在国内受到的伤害。但是更多的女人，在法国没有找到自己期望的爱情，却知道自己曾经失去的有多么美好。

其实，最好的方法是面对现实，认识自己遭受挫折的原因，使自尊心、自信心、主观能动性和情感的自我控制都得到增强，从而走出困境，成为生活的强者。其实，挫折和困境本身并不都是坏事，关键在于你能不能正确地对待它，勇敢地驾驭它。

首先，要面对现实。“事已至此，愁也没用”，是许多人面对现实的态度，它可以使人冷静思考，做些必要的事情，避免事情进一步朝着不良的态势发展。

其次，要学会在危机中寻找机遇。遇到问题，善于全面地分析形势，寻找适合自己的出路，努力使事情有所转机。

再次，找亲友谈心，寻求他人的帮助。俗话说“当局者迷，旁观者清”，“三个臭皮匠顶个诸葛亮”，向亲友倾诉，不仅可以缓解心理压力，还有助于找到解决问题的好办法。

最后，总结失败的经验教训，重新认识自己的优势与不足，最后再做出适当的选择。同时，也要疏导一下挫折所导致的不良情绪，如外出旅游、与朋友一起玩乐等。

正如鲍狄埃所说：“力量不在别处，就在我们自己身上。”愿你从这句话中，悟出你的力量和勇气，然后勇敢地去面对周围所发生的一切吧。

不要担心那些没发生的事情

单纯的女人总是杞人忧天地去担心一些发生概率极低的事情。其实很多我们担心的事情未必会发生。只要用心感悟，今天的欢乐和忧虑就足以将我们的心填得满满当当了。我们又何必要拿明天的烦恼或者那些根本就不可能发生的事情来折磨自己呢？就像有句话所说的那样：别为了明天忧虑，明天自有明天的忧虑。努力珍惜并过今天的生活吧！人生苦短，毕竟今日无价！

太多的担心无济于事

在一架飞机的机舱内，空姐正微笑着给乘客们配发食品。一位中年人在细细品尝，而邻座的女孩却愁眉苦脸地望着窗外。

中年人热情地问："姑娘，怎么不吃点儿？味道挺不错的。"

女孩慢慢地扭过头淡淡地说："谢谢，您慢用，我没胃口。"

"年纪轻轻的怎么会没胃口？是不是遇到什么不开心的事啦？"

面对中年人热心的询问，女孩有些无奈："遇到点麻烦事儿，心情不太好！"

中年人似乎更热心了："如果不介意，说来听听，说出来或许会好一些。"

女孩被这份热情打动了，于是聊起自己的忧虑："昨晚接到男朋友电话，说有急事要和我谈谈。问他有什么事，他也不说，只说见了面再谈。"

中年人听后笑了："这有什么可犯愁的呀？见了面不就全清楚了吗？"

女孩说："可他从来没这么和我说过话。要么是出了什么大事，要么就是有什么变故，也许是想和我分手，电话里不便谈吧！"

中年人笑出声："你小小年纪，想法可不少。也许事情并没有那么严重，是你想得太多了。"

女孩叹道："我总有一种不祥的预感，昨天整个晚上都没睡着。唉，您不是我，也没遇到什么麻烦事，是不能体谅我的感受的。"

"你怎么知道我没遇到麻烦事？"中年人笑着说，"我这次是去打官司的，我的公司遇到前所未有的大麻烦，还不知能否胜诉。"

女孩疑惑地问："可您看起来一点儿都不着急。"

中年人回答："说一点儿不急那是不可能的，可急又有什么用呢？谁也不知道事情会发展成什么样，只能到了再说。"

女孩不禁有点佩服起眼前这个人来。很快，飞机降落了，中年人临别给了女孩一张名片，告诉女孩以后有什么事情需要帮忙的话可以找他。

第二天，女孩按照名片上的号码给中年人打了个电话："谢谢您，如您所料，没有任何麻烦。我男朋友给我准备了一个浪漫的迎接仪式，是想给我个惊喜，才出此下策。您的官司打得怎么样？"

中年人笑声爽朗："和你一样，没什么大麻烦。对方已撤诉，我们和平解决。姑娘，我没说错吧，提前担心无济于事，很多事情都得面对了再说。"

在我们中间又有多少如这个女孩一样的女人呢？她们因为每天都有做不完的事，每天都要为了未来处心积虑，费尽心思；她们受到一些现在和过去的影响，以致对不可知的未来产生了极度的恐慌；她们整日忧心忡忡，患得患失，以致让自己活在对未来事情的恐慌中不能自拔。这是多么可怜的一群人呀，何必为一些没有发生的事情烦恼、忧虑呢？这不是自找烦恼吗？

蒙田，一位法国的散文哲学家，曾经写道："我的人生充满了可怕的不幸……而大部分都是从未发生的。"

人生中有些事情会让我们觉得不快乐，但有时让我们不快乐的不是我们所要面对的问题，而是那些根本就没有发生只是存在于我们想象里的事情。其实，这些事情90%都不会发生，你又何苦为了这仅占10%的概率而苦苦折磨自己呢？

不要为没发生的事情担心

在没有毕业的时候，你是不是担心找不到工作？找到工作以后，你又担心自己会被解雇，或者为薪水太少而忧虑。终于等到加薪了，但这并没有让你觉得有多快乐，你又在想自己是不是应该朝这个方向继续发展下去，好像比起别的行业来，没什么前途。而且工资的涨幅太低，你开始渴望能有一些存款。好不容易有一点儿存款了，你又在为买房的事愁眉苦脸，或者担心自己嫁不到一个好老公。于是你总觉得非常绝望，觉得你被重重的压力困住，你没有什么理由可以快乐。

这些都还是一些比较正常的想法，最起码它与我们的现实处境是有一定联系的。还有些人甚至会这样想：今天上班的路上会不会遇到车祸呢？我感到有一点儿胸闷，我会不会是有心脏病？天啊！也许过个两三年，等我老了，我的男朋友就会抛弃我的！昨天我最好的朋友都生气不理我了，大概我一辈子都没有朋友了！

为未来早做打算并没有什么坏处，但是一旦错失了分寸，做出杞人忧天的事岂不是很可笑？有些事想得太远，就成了一种无形的压力，会给我们带来许多不必要的烦恼。过多的担忧和焦虑只会让我们沉浸在自己想象的消极画面里，而这些消极的思维倾向将把我们击垮。

富兰克林·皮尔斯曾以失眠做比喻说：“失眠者睡不着，因为他们担心会失眠，而他们之所以担心，正因为他们不睡觉！”的确如此，有时候我们过于为一些毫无根据的尚未发生的事情而忧虑恐慌，这实在是太愚蠢的做法。

所以，如果你开始感觉到自己忧虑的情绪，就马上问自己：我在为了什么事情担忧呢？这事情是已经发生了的事情吗？如果是，那就积极地去解决；如果不是，就别为了没发生的事忧虑。

无论多么容易实现的梦想都需要我们一步一步脚踏实地地努力，我们不必在意过去的种种，也不必为将来可能要发生的事情苦恼。只要我们尽可能地做好对将来的准备，坏的事情就可以避免。

虽然还没弄清楚前进的方向，但是你有一份比较稳定的工作，就可以利用业余时间去尝试和发现自己真正的兴趣和才能；虽然你现在还没有足够的钱买房买车，但是别着急，只要按计划存钱，这些都是可以实现的。而且，说不定很快你就会遇到一个很好的赚钱机会。和朋友闹了别扭，诚恳地跟他道歉，即使得不到原谅，你也已经为你们的友情尽力了。相信以诚相待，你会拥有更多的朋友；不必担心你的男朋友会在未来离开你，要一如既往地对自己保持形象和修养上的要求，至少要让自己觉得漂亮，他会更加爱你。

尽快忘掉你那些无谓的忧虑吧，尽情享受此刻的快乐！我们要做的就是把握好现在，稳扎稳打，为将来打下坚实的基础。

第三章

学习点职场交往技巧，别对谁都掏心掏肺

单纯的女性往往会禁不住诱惑成为“工作狂”

我们经常会看到很多工作狂的女性，把工作视为自己唯一的责任和使命，常常为了赶进度不分白天黑夜地加班，顾不上回家，吃住都在办公室里。她们自然顾及不到自己的肌肤问题，也与美容院、护肤品、时尚、养生之道沾不上边。原本应该光洁的脸蛋，布满了皱纹，黑眼圈比画了烟熏妆还甚，让人看着都不免觉得疼惜，而她们自己却毫无察觉。

女人成了“工作狂”之后

努力工作是不变的真理，但努力归努力，也不必太拼命。要把工作作为你生命中必不可少的一部分，而不是全部。千万不要让自己变成“工作狂”，这种工作状态对心理、生理都没有好处，对家庭生活也没有好处。

彤彤是一家公司的老板，她美丽聪慧，独立自信，性格跟名字一样，坚硬而倔强，特别是在对待工作方面表现得更甚。她常常一工作起来就忘了所有的事情，几乎把所有的业余时间都拿来加班。几年来，她的追求者不断，但是她始终无动于衷。

终于，在家人和朋友的不断提醒和撮合之下，彤彤与一个很优秀的男人谈起了恋爱。虽说是恋爱，她的状态却几乎没有发生任何变化。她依旧视工作为最重要的，为了工作她可以几个月都不见男友，即使周末正在约会，她也会丢下好不容易才见一面的男友，立即赶回公司。终于，男友受不了她这种工作狂的劲儿，提出了分手。

凡事都要讲究“度”，工作也是一样。工作能让女性拥有一种独立自信的美，但千万不要过了头。据科学家研究发现：工作狂是一种心理病。虽然大多数的人沦为“工作狂”都是为了生计，这种状态可以理解，但是“工作中毒”并不是一件好事，虽然它能够带给你金钱、地位和成就感，但它吞噬掉的是你的幸福、你的快乐、你的健康以及你的生活。因而你也错过了人生中许多美丽的风景。

兼顾工作的同时，也要注意一下自己的身体和家庭

“工作狂”往往有一种追求极端的心理，任何事情都要做得最好，仿佛只有这样才心安理得。可是“工作狂”常常以透支健康为代价，日夜焦虑、身心疲惫，有些人年纪轻轻就患上抑郁症，慢慢的，身体器官病变，甚至造成“过劳死”。

工作狂女性会在忘我的工作中模糊了性别的界限，她们浑身散发着一股让人窒息的坚毅和咄咄逼人的气势，使人不敢靠近，这样的女子很难得到男人的爱恋。

所以，女孩在兼顾工作的同时，也应该注意一下自己的身体和家庭。人们常说“前半生用命换钱，后半生用钱换命”，不要一辈子都做这样劳劳碌碌的傻事。为了工作把自己累趴下，是件得不偿失的事情。同样，也不要

为了工作而忽视了身边的其他人，家庭和朋友也是你生命中不可缺少的一部分，比起你拼命工作赚回来的钱，他们更在意你的关爱和温情。

记得有位伟人说过：“不会休息的人就不会工作。”所以，我们还是有必要从繁忙的工作中解脱出来，面对现实，找个对象成个家，放松一下自己，毕竟工作不是生活的全部。

要想摆脱“工作狂”的状况，最主要的是要学会自我调整。可以有意识地减轻工作的压力并强迫自己减少工作量，同时制订一个合理的工作计划，将一天或者一周的工作项目和工作时间一一写明，放弃一些无用的工作，多与他人合作。

还要多方面培养自己的爱好，丰富业余生活，学会排解自己忧郁的情绪。在心情不好的时候，要学会向家人或者朋友倾诉，或者喝上一杯令人兴奋的咖啡，也可以选择一些适合自己的运动方式。

其实，工作时间长与工作勤奋，并不一定表明你是一名优秀的员工。为了自己的身体健康，为了享受更多生活的乐趣，我们坚决不能沦为工作狂。适当的时候，给自己的心灵放个假，不要让生命中充斥的全都是工作，更不要用自己的健康来冒这个险。**生命是短暂的，是不可逆转的，所以，趁你还健康的时候，好好珍惜自己的身体，好好爱惜自己吧！**

不要独自站到对立面

职场中，过于单纯的女性容易为了工作得罪同事，其实在工作中和同事之间发生矛盾冲突时，要及时调整自己的状态，选择合适的时机、方法与其进行沟通，避免矛盾激化，从而给自己的职业生活扫清障碍。

巧妙疏导职场中的障碍

苏苏和方婷是工作中的搭档，但是关系近来却很紧张，苏苏也不知道在什么时候得罪了方婷，方婷总是找她碴儿。尤其是经理在的时候，她的声音就越发大起来："哎呀，苏苏，这个数字是不是算错了？"明明什么问题也没有，还没等苏苏说话，经理已经发话了："做报表可要细心，工作中不要出漏子。"说完就走了。

其实方婷自己才是个粗心的人，每次都是苏苏小声地告诉她需要更正的地方。可是，方婷并不领情。为了让方婷改变对自己的态度，有一次上交材料时，她明明看出方婷一个很大的失误，故意没有指出来，结果方婷遭到了经理的批评。此后，当苏苏发现方婷的错误后，还是会细心友善地帮她指出来，而且从来不会告诉经理，避免方婷受到指责。方婷这才发现了苏苏的好。接连几次，方婷的口舌就不再那么尖酸了，苏苏的日子也好过多了。

其实工作中出现的矛盾冲突，经常是一本糊涂账，公说公有理，婆说婆有理。无论是哪种原因造成的冲突，对当事人来说都会感到很不舒服，如果不处理的话，矛盾可能会激化，而且大家还要一起共事，恶化矛盾必然会影响工作的正常开展，所以要及时处理。那怎样处理才能解救这种紧张的关系呢？

多一个朋友好过多一个敌人

在职场中，有很多女性会遇到由于对某个人的喜好厌恶，而导致简单的事情复杂化，最后激发矛盾，一发不可收拾，所谓林子大了什么鸟都有。不同的人，有不同的性格脾气。你不可能那么幸运地正好和自己兴趣相投的一群人工作，或许你看到他今天消极的状态，是因为家庭关系没有处理好，影响到了工作，所以，不要凭个人的情绪和感觉处理事情。

职业女性应该懂得，如果矛盾已经产生，清除障碍首先要从沟通开始。其实发生争执，当时只是在气头上，但是事后一想，会感到后悔，觉得吵闹不仅没必要，而且很不值得。大家有话可以心平气和好好说，毕竟我们都想把工作做好，对事不对人。当女性用这种心态去处理问题，与对方及时沟通，及时把自己的想法告诉对方时，一定会化干戈为玉帛。沟通的方式有很多种，可以一个电话、一条短信，也可以请对方喝喝茶等。把自己的态度传达给对方，交换相互的意见，找出症结，不仅化解了矛盾，还可以避免一次冲突的发生，有时还会意外地结交到新的朋友。

在职场中，或大或小的矛盾总不可避免。发生口角时没必要针锋相对，一定要分出个胜负。彼此尊重，互相宽容才是解决问题的关键。

职场中的成功女性，懂得再多的尊重和谅解都是建立在平等的基础上，不能因资历或经验去批判，不能以职位的高低去无理追究。富有智慧的女性，以和为贵，最终是同事间情深义重；愚者相反，见风使舵、添油加醋，以至于在公司内整天钩心斗角，弄得人心惶惶。

职场中的成功女性，都很善于寻找机会来调解矛盾。她可以坦诚相对，心平气和地把引起冲突的原因分析清楚。人与人相处，发生冲突在所难免。对于冲突，我想大多数是因为工作意见不合而引起的，有时可能会吵得脸红耳赤，甚至以后见面不打招呼。不管怎样，我觉得我们应该把冲突当作平常事来对待，怀着平常心来处理，虽说冲突会弄得大家不愉快，但有时经过冲突你才会更了解对方，友谊才会变得更加坚固。

职场中的成功女性，知道怀着平常心来对待冲突。不管冲突是有意还是无心，冲突将不再是一件可怕的事。大凡在公司内引起冲突，都是为了公司利益，因为意见相左再加上心直气盛导致的，私下并没有结怨，所以矛盾容易化解。沟通越早越好，可以相互发工作邮件，把事情解释清楚；可以装作不经意地拍对方肩膀，给他一个灿烂的微笑，“相逢一笑泯恩仇”；可以邀请其他同事活跃气氛打圆场，下班后大家一起聚餐，唱KTV，在轻松愉悦的环境中，在同事面前，两人矛盾更易化解。只要大家相互体谅，就能减少冲突的机会。

远离八卦，谨防陷阱，怎样在办公室表达自己

女人太单纯，往往会口无遮拦，觉得同事都是自己的好朋友，什么话都能说，什么话都敢说。可是现实并非如此。俗话说，“病从口入，祸从口出”，所以说话一定要谨慎。说话的时候，一定要留心不要说到对方忌讳的事情上，如果哪壶不开提哪壶，就很容易惹怒他人，也给自己带来了麻烦。

病从口入，祸从口出

明代开国皇帝朱元璋自小家贫如洗，他少年放过牛，讨过饭，做过和尚，结交了一帮穷朋友。做了皇帝后，他很怀念过去的穷朋友，总想找机会与他们叙叙旧。

有一天，他的一位儿时伙伴听说了，赶紧从乡下赶来，一直跑到皇宫门外，要求求见朱元璋。朱元璋听后很高兴，吩咐传进来。那人生怕朱元璋忘了自己，一见面便指手画脚地说：“我主万岁！还记得吗？从前你我都替人

家放牛。有一天，我们几个小伙伴实在饿得发慌，就躲在芦花荡里，把偷来的豆子放在瓦罐里煮。还没等煮熟，大家就抢着吃，把罐子都打破了，撒了一地的豆子，汤都洒在泥地里，你只顾顺手从地上抓豆子吃，却不小心连草叶子也送进嘴里，卡住喉咙。还是我出的主意，叫你把青菜叶子一口吞下，才把草叶子顺进肚子里去……”

堂堂九五之尊，被当着百官的面爆出以前的窘事，朱元璋怎么会不生气？他没等那人说完，就喝令左右：“哪来的疯子在这儿胡说八道，给我轰出去！”这位皇帝的穷朋友没有掌握说话的方式，不懂得人情世故，触动了朱元璋的忌讳，结果落得个被轰出去的结果。

而另一个人听说了此事，也来见朱元璋，他进来后就卜拜说：“找主万岁！当年微臣随着你大驾扫荡庐州府，打破罐州城。汤元帅在逃，你却捉住了豆将军，红孩儿挡在了咽喉之地，多亏菜将军击退了他，那次战斗我们大获全胜……”同样一段往事，此人却说得动听、含蓄，让朱元璋心里很高兴，他不由得回想起当年大家饥寒交迫、有乐共享、有难同当的情景，心情很激动，而且，从这人的言行也可以看出他是个识时务的家伙，所以，立即下令封他为御林军总管。

中国古代有所谓“逆鳞”的说法，传说龙的咽喉下方约一尺的部位，长着几片逆鳞，全身只有这个部位是逆向生长的，万一不小心被触摸到这些逆鳞，再温驯的蛟龙也必定变得暴怒。

其实，人的身上也都有“逆鳞”存在，即使性格再好的人也不例外。只有小心观察，不触及对方的“逆鳞”，我们才能在人际交往中来去自如，左右逢源。

俗话说，“病从口入，祸从口出”，说话要谨慎。说话的时候，一定留心不要说到对方忌讳的事情上，否则，后悔也来不及了。因为说出去的话，泼出去的水，收不回来，即使事后解释，也无法完全消除给对方心灵造成的创伤，难以完全挽回影响。如果因为说话不顾忌讳而多招冤家对头，那更是不值得。因此，说话的时候一定要留神，不要触到对方的忌讳。

办公室内不可不知的谈话技巧

办公室的许多矛盾都是由口舌之争引起的，办公室女性要想维护自己的形象，保持良好的人际关系，就要学会怎样在办公室谈话。

不要轻易发号施令

在白领一族的聊天中，我们常会听到诸如“母老虎”“黄脸婆”之类的比喻。其实“母老虎”也好，“黄脸婆”也罢，她们并非缺乏温柔与魅力，最让人窒息的是她们那种盛气凌人、发号施令的神态。

曾有一位总裁秘书这样评价他的老板：“三年来，我从没听到过他给什么人下达过命令。他总是提出自己的建议，而不是命令。比如，他通常会说‘你可以看看这个’，或‘你是否想过，这样做结果会更好些呢？’”

类似的态度能帮助人改正自己的错误。这种方法不伤害他人的自尊心，不埋没他人的优点。它让人乐意接近你，而不是和你敌对。

所以，作为办公室一员，应时刻注意你说话时的语气与神态。用提问题的方式代替命令，这样会有意想不到的效果。

不轻易打断别人的发言

大多数人为使他人接受自己的观点，总爱侃侃而谈。商品推销员更是如此。应该给别人把话说完的机会，因为他对自己的事情和自己的问题比你知道得更清楚，所以最好是向他提些问题，让他告诉你他认为什么是正确的。

如果你因不赞同他的意见而打断他的话，那是不对的，请不要这么做。在他言之未尽的时候，他会对你置之不理，因此，请你静心地听他把话说完并尽量加以理解。

所以，你如果想要人们依照你的观点办事，请给他人多说话的机会，自己尽量少说。

办公室内部还有个问题经常困扰大家，那就是如何拒绝别人。个性随和的你往往不知道怎样拒绝同事，虽然也想大声地说“不”，可始终找不到说“不”的勇气。那么，怎样很技巧而又不得罪他人地说“不”呢？

用肯定方式说“不”

比如你明了地向他表示自己目前的工作很忙，或者告诉他，你不熟悉这方面的业务，怕添倒忙等，都是可以拒绝的“正当’理由。如果你拒绝了别人第一次，他再次找你做事的时候，就会再三斟酌。

巧用借口

如果你实在不能说“不”，就告诉他，不巧正要处理一件事情，如果他愿意等待的话，你做完自己的工作以后才可以帮他做。

坚持立场，别太在意“面子”

很多时候，不是你不想说“不’，而是对方过于死缠烂打，花言巧语，而你又拉不下面子。这时候，最好的方法就是，你更加亲切、友好地拒绝他的要求。

运用你的幽默

“哇，老兄，上次的小费还没给呢。不如以后你的薪水我也帮你领？”让他感觉到自己要求的无理。

避免承担你不能直接控制的工作

如果项目中的主要或关键人员不是你，而且你并未得到足够的授权，就不必自告奋勇地站出来。同事间的相互帮助不是用这种方式表现的，把有限的精力投入到那些能真正给你事业带来发展机会的工作中吧。

希望以上建议可以让你合理地处理与同事之间的关系，该拒绝时就拒绝，把时间集中起来用在自己分内的工作上。

除了拒绝同事，有的时候你可能还要拒绝老板。拒绝老板不但需要技巧，而且需要区分老板的类型。只有这样，才能做到有的放矢，既能达到拒绝的目的，也不伤害彼此之间的关系。

老板让你发表不同的意见时，你敢吗？其实，在这个时候，你最好能够表明自己的真实想法，因为百依百顺、没有主见的员工不见得会受欢迎。有些老板就比较尊重那些直抒己见的人，因为这些意见可以帮助他们及时发现问题和修正错误。

当然，表达方式尽可能“柔和”是很必要的，尤其是持不同意见时，要给老板和自己都留有余地。

多了解老板，这比了解工作重要多了

单纯的女人认为做好自己的工作就万事大吉了，其实多了解老板比了解工作重要多了。你的老板能力怎样？他有什么样的优点和缺点？他喜欢什么样的下属？他的工作经历是怎样的？如果你是一个想在事业上有所发展的人，这些你就一定要知道。男人的粗心大意可以被原谅，但一个大大咧咧的女人是很难被老板看好的。而且，面对男同事的激烈竞争，心细如发是女人赢得老板青睐的最佳资本。所以，对于一个想在事业上有所作为的女人来说，了解老板比了解你的工作更加重要。

我们为什么要了解老板

威尔逊公司的董事长是一个非常固执的人，任何新鲜的意见都被毫无例外地拒之门外。董事长有才能、自负，所以对别人的意见往往瞧不起，要么不采纳，要么根本不予理睬。但是，有一个人是例外，这个人就是他的助理凯西小姐。为什么董事长对凯西小姐会如此特殊呢？

凯西小姐自己说，有一次，她被单独召见，她明知董事长不容易接受别人的建议，但还是尽自己所能，清楚明了地陈述了一套买卖合并的方案。因为她苦心研究过，自认为相当切实可行，所以说得理直气壮。

然而同样的，董事长没有表示任何接纳的意见，只是说："你的计划幼稚而可笑，我为我愿意听你说完这些废话而感到遗憾。"但是数天之后，在一次董事会议上，凯西小姐很吃惊地听到董事长正在把她数天前的建议作为自己的年度计划公开发表。这件事，使凯西小姐恍然大悟，她懂得了向董事长提出计划方案的最好方法：避免他人在场，悄悄地把意见"移植"到董事长的心中。使董事长不知不觉地感到兴趣，然后使计划可以作为自己的想法而公之于众。最后，使董事长坚定不移地相信这个计划的可行性。

这之后，凯西小姐总是在董事长有需要的时候"悄悄地"说出自己做的策划，而她的计划也总能顺利地被董事长采纳。不久，凯西小姐就在董事长的推荐下进入了董事会。老董事长退休的时候，凯西小姐又在他的支持下接管了威尔逊公司。凯西小姐能取得这样的成功，是因为她了解了老板的心思，时刻知道老板在想什么，并能按照老板所想的去做。

我们怎样猜到老板的反应

那么你呢？你知道你的老板在想什么吗？当然，想了解老板的心思不是一件简单的事，这是一项长期而艰巨的工作。但只要你留心观察，为此做出长久的努力，相信成为老板肚子里的"蛔虫"也不会是难事。

了解老板的核心价值观

这些核心价值观不容易妥协和改变，所以也往往是最容易引爆我们情绪的原因。例如，有的老板在意守时，只要有人迟到，他就会开始跳脚、抓狂；有的老板则注重诚实，所以一旦你言辞闪烁，他就立刻动怒开骂。

此外，有人重勤俭，有人看效率，只要多跟同事们打听，并培养敏锐的观察力，你就能找出老板的核心价值观，并调整自己的工作态度加以配合，这样你才能成为老板心中的可用之材。

洞察老板的情绪反应

仔细打量一下老板的应对进退：什么事会让他高兴？什么事会惹他生气？什么事会让他焦虑？什么事又会对他产生压力？而当他出现这些异常的情绪反应时，他通常的处理模式为何？

我们每个人都有着固定的情绪处理模式，每次发作时的过程也都差不多。所以一旦能够掌握老板的情绪反应，下次你就会知道该如何避开台风尾，并且能采取更好的沟通方式，以免不慎让对方的情绪雪上加霜。

例如，你发现老板其实是个夜猫子，早上往往大脑不太灵光，这时去向他报告工作，就容易惹来一顿臭骂，那你当然就得熬一下，等到吃过午饭他心情好了，再去报到。

掌握老板的沟通模式

沟通专家们发现，我们每个人最习惯的沟通方式各有不同，所以很多时候有沟没有通的原因之一，其实是没能掌握与对方沟通的最佳模式。在这方面，差一点儿可是差很多的，许多冲突就是由此造成的。

还要学会应付各种性情的老板，确保自己的尊严不受侵犯，同时能够赢得他对自己的好印象，这就需要学会一些技巧。你要观察你的老板，看他有什么样的心理。

对付整天怀疑自己的员工偷懒不干活的老板，最好的办法是经常向他汇报，多和他交流，明确告诉他你干了些什么、结果如何，以此使他放心；对自己的能力没有信心，老是担心下属会超过他的老板，这时你就要收敛起自己的锋芒，做到谦虚和谨慎，这样自然会博得老板的信任和赏识，以消除老板的戒心。比如在业务会上，对自己的远见卓识有意打点儿埋伏，留下空间给老板做总结。

如何拒绝老板的苛刻要求

当你必须拒绝老板委派的任务时，要避免说“不能”“不可能”“没有能力”“不愿意”等字跟，因为这些都带有负面意思或显现出你的无能。

暴君型老板

如果老板是个不折不扣的暴君，活像军队里的班长，大吼大叫地把你支使得团团转。你一定要冷静地制止这种行为，但是不要影响到老板的自我形象。因为，在他耀武扬威的外表下，很可能有颗脆弱的心。你应该设法让他了解到他的行为已经影响到部门或公司的工作进展。例如：“我知道提高工作效率是件很重要的事，但是这种吼叫方式，已经影响了我工作上的成效。希望您清楚地交代您想要我怎么做，也许现在我们就可以花点儿时间，明确定出目标。”

监工型老板

如果老板总是盯着你的一举一动，几乎每分每秒！对于老板委派的任务，虽然你没什么意见，但是工作起来却束手束脚地不能发挥，这个问题相当烦人！这时，你应该以温和的态度，以公司利益为出发点，去和老板谈，例如：“孙总，谢谢您不断‘参与’您所委任给我的工作。但是，我希望获得您的信任。如果您考虑一下，不要经常性地检视与事事指示，给我一点儿空间，然后看看我们的表现，我保证您一定会感到满意的。”重点要专注部门的绩效，而不是老板的个性。

少说一句话，多做一份能令你升职的文件

求职之初，单纯的女性往往会因为过于谦逊不敢主动争取而错失了该有的位置。在工作过程中，可能也会因为过于温柔和缓，不想竞争，使得自己不得不在能力不如自己的人手下工作，甚至对方可能由于心怀嫉妒，总是想着怎么打压你。这个时候，女人，你再不觉醒可就迟了。

女性升职要具备的特质

职场即战场。倘若你想要晋升，随之而来的竞争和搏击就不可避免，这时，你能依靠的只有自己的坚强意志。千万不要常常觉得自己很可怜，装柔弱或轻易落泪，那只会破坏形象，职场中女性若表现出弱者姿态，就已经注定和晋升无缘。从重建“企图心”及“自信心”开始，学习正确地评估自己，是职业妇女成功的第一步！

竞争激烈的职场上，女性如果想要获得成功，除了有时必须比男性付出更多的努力之外，还要从下面几个方面提升自己的素质。

敢于踊跃发言

在一些以男性占多数的职场中，女性的意见往往会被淹没，使得女性成为“没有声音的人”。女性应该坚信，自己绝对有发表意见的权利。成功女性发言前有所准备，有条理地陈述意见，并且言之有物，自然能表现出权威感，也较能在同事中被突显出来。

勇于提出渴求

千万不要以为你的主管会很主动地注意你的需求，会替你设想，为你规划升迁之路。其实，一个部门中人数众多，主管很难顾及每个人的需求。如果你有很强的企图心，最好主动让主管知道。除了直接向主管反映你对工作发展的期望，还有一些方式可以让主管察觉你的企图心。例如，在开会时，成功女性从很早就已经坐在“参与度高”的前段座位，并且积极发言，提出有建设性的想法。

要求授权，担起责任

在职场上，老板最喜欢的员工，是可以放心授权的“将才”，而不是畏畏缩缩、无法担起大任的小兵。女性如果能够“主动”要求上司授权，接下别人不敢接的工作，自然能得到更多的表现机会。例如，你可以勇敢接下大家都觉得棘手的项目，借着这些工作的洗礼，累积职场经历，并且激发自己的潜能。

对自己的定位清楚

女性想要在职场上担任要职，一定是很早就已经抱持“我要在职场闯出一番成就”的决心。她们不会抱持“等哪一天出现一个白马王子救我脱离苦海”的天真想法。她们知道，在职场上为自己定下什么样的目标，往往结果就会如何。例如，为自己定下“要在几年内成为女性主管”的目标，并且有计划地去达成过程中必须完成的小目标，自然就有成功的机会。反之，如果一点具体目标也没有，成功也不会从天而降。

懂得推销自己

在职场上，自我营销是绝对有必要的。在众多同事中，如何让老板发现你的企图心和专业能力，需要有一些主动的作为。成功女性即使主管没有要求，也会定期向主管报告工作进度。

另外，当其他同事习惯性地躲着老板时，她们会主动与老板攀谈，给老板留下积极、正面的好印象。

对不会的要边做边学

与男性相比，女性往往容易退缩，对于未曾做过的工作，总是显得迟疑不前，也因此错过许多表现的机会。而成功女性则不愿错过任何表现的机会。她们知道，对一件工作即使不是完全熟悉，还是可以边做边学，而且要充满信心上场接受挑战。即使做错，也能得到宝贵的经验。例如，当上司要给你升任主管的机会，有潜力成功的职场女性不会以“我没当过主管”的理由而退却。在职场中顺势而为、随机应变，也是能否早日成功的关键之一。

最后，在职场上真正成功的女性，不会整天紧绷着一张脸，也不会焦躁地走来走去，给别人机会批评她“情绪化”。越来越多的职场女性学习职场的政治学，懂得如何伪装心情及搏击。所以，**不管你多努力、多累，或多生气，“保持笑脸、放轻松”的确是职场女性必须要学习的功课**。

得意的时候不要太过张扬

单纯的女人往往把喜怒哀乐写在脸上，特别是当自己在工作上有所成绩而受到上司表扬或者提升时，单纯的女人可能会因此四处张扬。每当你的方案比同事的方案好时，单纯的女人可能会在同事面前不断炫耀；每当加薪时，单纯的女人可能会故意向同事展示高薪……当然，因为工作成绩而得到另一笔“财富”时，是人都不免会有种难以言表的快乐。但那时，千万不要让自己的“快乐”在别人面前过于夸张，否则，只会起到另一种效果。

太过张扬的人不会走到最后

武汉理工大学会计专业的小张前一段时间如愿与一家知名企业集团签约，但他高兴不起来，此前的一次失败求职经历让他耿耿于怀。

小张成绩不赖，形象也不错。2013年11月，小张开始找工作，他首先应聘的是国内某知名企业集团。筛选简历、面试、笔试、复试等，小张都是一路绿灯。在最后签约时，小张却放弃了。“后面还会有更好的公司等着我呢。”首次求职就成功，小张对未来很乐观。

接着应聘的是美的集团。这家企业的前景和提供的待遇都让小张满意。笔试是在武汉大学进行的，有136人参加，结果一下子淘汰了80人。小张很幸运地通过了笔试，进入下一轮面试。“一面”时，12个人一个小组讨论问题，小张感觉很新鲜，发挥也不错。“一面”结束，只有14人剩下，小张又是幸运者。

最后决定性的面试定在武汉理工大学，具体地点在小张的宿舍附近。“主场”作战，小张狂喜不已，拿到最后入场券俨然是探囊取物。

最后名单张榜，小张却意外落选。100层的大厦一口气走到了99层，最后一层栽了跟头，摔得惨，摔得重。小张检讨自己说，都是因为过去走得太顺，以致得意忘形了。

无论你是职场新人也好，职场老员工也罢。当你工作有了成绩而受到上司表扬或者提升时，最好不要张扬。往往不少人会在上司没有宣布的情况下，就开始在办公室中飘飘然，四下招摇，或是故作神秘地对关系密切的同事细诉，一旦消息传开来后，这些人肯定会招同事嫉妒，眼红心恨，从而引来不必要的麻烦。得意之时，过分张扬，很可能引起他人的不满，认为你是个爱炫耀的人，也在无形中给了他人压力，这样只会给你今后的工作开展带来障碍。

有些职场中人一旦获得成绩，就容易忘了自己是谁，并且自我膨胀。这种心情是可以理解的。但旁人就遭殃了，他们要忍受你的气焰，却又不敢出声，因为你正在风头上。可是慢慢地，他们会在工作上有意无意地抵制你，让你碰钉子，这无疑成为你在职场道路上的绊脚石。

古今中外，一些过分张扬、锋芒毕露的人，不管功劳多大，官位多高，最终多数不得善终，这是人尽皆知的历史教训。时常有人稍有名气就到处扬扬得意地自夸，喜欢被别人奉承，这些人迟早会吃亏。所以，**处于顺境时一定要学会藏锋敛迹、装憨卖乖，千万不要把自己变成对方射击的靶子**。

得意不忘形，失意不失态

《张瑞敏管理日记》中有一句话是这样的：**“得意不忘形，失意不失态，关键是战胜自我。”日常工作中要“荣辱不惊”，在受到表扬的时候，不能骄傲，在工作中得到嘉奖或成功时，也不能沉浸在其中不能自拔，要摆平心态，以此为基石继续攀登**。**这样，在你的职场中，才会更加游刃有余，也会赢得更多人的青睐**。

当然，人逢喜事精神爽。有了“签单”“升迁”等的喜事，你高兴、开怀、兴奋是常理，能够与周围的朋友、同事分享快乐是常情，但要记住的是：成功永远不是一个人的事。成功一定和你周围的人际关系有关，有自己的努力，也有他人的帮助与协同，所以在有“乐”以后，头脑清醒、心理平和是继续保持良好人际关系的基础，忘乎所以一定会打碎你多年的基石和心血。

所以，当取得成就或者得到升迁时，别忘了感谢一下身边同事的帮助，或者请大家吃个便饭，小小地庆祝一下，这样不仅可以打消他人的抵触心理，更有助于增加彼此间的感情，让你的事业之路越走越顺。

总之，在职场上，千万要记住“枪打出头鸟”这句话。那些因为自己的成绩出色而高调的职场中人，最后只会伤害到自己。每当这个时候，你不妨冷静地告诉自己：这只是成功的一小步，前方还会有更大的成功在等待着自己。这样，你就会以平和的心态面对自己的成绩，一方面让同事和领导看到你的谦虚，更加欣赏你，另一方面你会不断鼓励自己，在此基础上继续前进。

离职也要做得漂亮，维护原来老板的形象

单纯的女人会赌气离开一个单位，这种行为往往会为以后的事业发展埋下很大的隐患。为了以后事业发展得更加顺利，和原有单位的同事保持一种良好的关系就显得尤为重要。离职不是为了单纯地赌气，更不是为了报复，哪怕自己是因为人际关系的问题而离开。

工作要完美交接

你必须给原公司足够的时间找人，如果可能的话，最好帮他们找人。千万不可在旦夕之间，说走就走。如果你不给公司喘息的时间，撂下一个烂摊子就走，顶多让你解解气，使你讨厌的上司忙乱一阵儿；更坏的影响则留给了你自己，同行业的圈子不会太大，消息也很灵通，很快地，你的所作所为就在业内传遍了，你的新上司会对你有所防范的；最重要的是，没有平和心态将影响你今后的职业生涯。

当你决定离职，不只是影响自己，还包括主管与同事，甚至也会对部门

工作气氛产生影响。当主管知道你的决定后，接下来便是和他讨论什么时候该让同事知道，以及交接的细节。

离职者与接替的人，在交接期间都还有工作要处理，常常造成交接不完整。甚至有些人到了新公司，还要义务地协助处理旧公司的业务，形成很大的负担。最好的方式是，平日就做好业务知识管理。每项业务的程序与必要技能，都用文字记录下来，储存在档案或电脑里，离职时才可以转移出去。这种做法不但有利于接替者，对你也有好处。

如果你想把专属于自己的档案带走，提交辞呈前就该准备好。离职前夕才开始做，难逃瓜田李下之嫌。另外，任何与工作相关的资料带走前，要先确认知识产权的规范。

维护原来老板的形象

不论是轻松愉快还是恩怨相加的离职，离开后维护旧东家形象的事情一定要做，特别是以下两点要多加注意。

永远不要在现任老板或新同事面前说前任老板的坏话，要公正客观地评价老东家。这样做不但有利于树立你自己的职业形象，更重要的是，可以维护老东家的声誉。这样，无论日后你个人的发展如何，老东家都会记得你的良好职业素养，当然有利于你和他们再打交道时建立良好的关系喽。

有了新朋友，别忘老朋友。很多人都以为跳槽后，就可以与原单位道声“拜拜”，一走了之，“挥挥手，不带走一片云彩”，这样做起来看似洒脱，其实你会无意之中丢失许多让你今后受益的东西。因为你在一个单位工作过一段时间，可能你所得不多，但与不少同事毕竟有种亲近感，甚至是好朋友，他们说不定在以后会对你有所帮助，你不妨把他们看作你的人力资源库。所以在你跳槽高就时，不妨珍惜这一机缘，而不要丢弃这份宝贵的财富。

要认识到在现代竞争社会里，拥有丰富的人力资源有助于你的事业运转自如，所以，**每当我们跳槽时，要有保护自己人力资源的意识，从过去的工作里淘出属于你的“金子”来。这样的话，你过去的时光就没有白白浪费，你即使空着两手走出原单位的大门，也已经带走了一份很有价值的财富**。

争吵“拜拜”，无异于给前程埋下“地雷”

当我们离开原先的单位而跳槽时，原因会有很多，比如对上司看不惯、人际关系不如意、事业的前景不好或是对薪水不满意等，但不论出于什么原因，不管你感到多委屈，你也没必要为泄一时之愤，在走的时候与原先单位里的上司或是同事弄僵，于你来说已是于事无补，并且对你以后有害而无益。

因为与原单位的争执就像是埋下了一颗“地雷”，在以后随时会炸响，让你防不胜防。人生之路还长，很难断定我们在以后的工作中不与原单位及人员发生这样那样的关系。一旦这颗“地雷”引爆，或多或少一定会对你产生影响，甚至毁了你的前程。所以不管你出于何种原因跳槽，还是留有余地为好。

离职后，心中有点怨气或者牢骚也是自然的。但从职业的角度出发，**尽量不要再提起过去，这对日后与旧老板相处大有益处**。实际上，日后仔细思量，恐怕也不难发现自己的不足和问题。因此，离职后切忌抓住过去的恩恩怨怨不放，在现任老板或朋友那里到处散布。（据统计，说一个人的坏话会有17个人知道，这也是广告效应的范围。）

尽量忘掉不快，与旧老板冰释前嫌

记得有一位朋友在工作多年、跳槽若干次后发自肺腑地说：“其实现在回想起来，让我进步最快的是一个对我最苛刻的老板。他让我承受了很多挑战和困难，也使我成长得最快，学到的东西最多。”仔细想来，确实不无道理。人各有优缺点，如果你用心去发现，每个人身上可以学习和借鉴的东西是很多的。

离职后如果与前任老板见面，尊重、热情是第一要件。不提往日旧事，表现自然、亲切，会拉近彼此的距离，增进感情，同时又表现出你的大度和职业风度，何乐而不为呢？况且，现在交通、通信越来越发达，人员流动日趋频繁，要时刻做好在不同场合不期而遇的准备才行。

此外，留下你的联系方式和电话号码，与老板和同事吃上一顿轻松的晚餐，也是不错的道别方式。记得离开后不时打个电话保持联系，关心公司和同事的发展，与老板聊聊行业的发展动态，会给你带来意外的收获。

抑郁的职场生涯不是成功的

很多单纯的女孩都抱怨职场的生活。她们觉得职场让自己的生活没有了阳光。世界最畅销女性杂志《COSMOPOLITAN》（《时尚》）的国际版主编海伦·布朗女士的职业心得或许能够给你一些有益的启示。

让职场生活不再抑郁的定律

学会在苦差事中潜水

大多数年轻人最初择业时，应该经历一番辛苦烦琐、单调乏味的工作：为日理万机的老板跑跑腿、整理他的通讯录什么的。对别人来说，这可能根本就谈不上是什么职业，但你必须把现在的工作当成你漫漫求索之旅的重要起点。我最初做秘书的时候，成天要把雇员的名字打到徽牌上，有创造性吗？一点儿也不。但我这个小小的文员一直坚持做到另一个机会来了为止——一个稍稍强点的工作。你试着赞同我的观点，OK？

做个“YES”女孩

任何有助于老板的事，尽管有时感觉好像要你的命，也要坚决执行，恼人的人际琐事也不能例外。你不用管它是不是庸人才干的，只管去做！上帝有眼，知道你不是在为别人尽心尽力，而是为你自己。你想开创美好的未来，挣多多的钱，办法只有一个——拓展自身，比如帮帮办公室里其他女同事，即使是个对你颐指气使的悍妇也不能怠慢。出色的女孩自然会脱颖而出。只要有可能，一定不要错过了受表扬的机会。

乐于接受并主动要求分外的工作，但要适度

在展销会上，你可能还不够格儿代表公司，但别让上司忽视任何你所乐于承担的工作。如果对如何更好地组织本部门有些创意，大胆说出来。但记住一点：完全有能力处理自己所要求的工作，或能够全力投入。

准时露面

对任何雇员来说，准时准点或者早到是一个最重要的法则。

只管做

你的工作还没取得什么实质性进展，要想引人注目又受人爱戴的话，有一个绝对可靠的办法——马上处理手头上任何事情。你应该努力去做这样的雇员：绝对可靠，迅速高效地处理任何事情，不分大小。

雄心勃勃，但绝不张扬

我们身边不乏这样的女性：言谈举止霸气冲天，咄咄逼人，很让人反感。这种女人爬得很高，但最终通常跌得也很惨，因为攻击冒进是她们唯一的资本。真正的成功，除了智慧、人格魅力加努力，没有别的替代物。你应该暗地里雄心勃勃，随时睁大眼睛四处瞄瞄有没有合适的空缺，伺机而发。事实上，原动力和奉献是带来成功和喜悦最好的“进攻”策略。

性感点儿也没什么不妥

花呢套装和灰暗的法兰绒装常常让你感觉单调沉闷，这绝不能成为影响你成功的理由。根据办公室家具来变换穿着，是一种增强自信迈向成功的办法，但不是唯一的方法。你可以按自己最满意的效果去打扮，只要不露肚脐眼儿就行。如果一个女人有头脑有能力，我还没见过有谁因为穿着打扮而错失提升的机会。

办公室里别诉苦

个人烦恼向一两个密友诉诉苦也就罢了，千万别去烦老板！情况特严重的时候，老板理当关心，但不要把他当成你每天的诉苦对象。

让老板脸上有光

你的工作就是要让主管脸上有光，同时又达到自己的目的。别每干一件事都企求回报，通常他自然会有所考虑，主动去要求就有失稳妥。如果你的主管干得相当不错，人气很旺，正在往上升，他很可能会提携你。这不，虽然你没有因为以前的成绩得到嘉奖，但什么也没错过。人们自然会关注出色的干将，好口碑总会一传十，十传百，人尽皆知。

打电话的技巧

很多公务都是通过电话来完成的，有以下几点需要引起注意。

（1）尽管某人可能已经接听了你的电话，一定先问问他现在忙不忙，是否方便说话。你啰里啰唆说个不停的时候，对方可能早就对相关问题的长篇解释感到厌烦了。

（2）职位比你高的人回了话，一定要表示感谢——他们完全可以不这么做。

（3）对浪费你时间的人绝不留情，找个托词，说约的人正在等你或另一个来电还没挂。

学会接受重创

世界上最成功的人士同时也是最脆弱的。娱乐界的超级明星们被评论家无情抨击，有受伤害的时候；总统在报纸上被诋毁中伤，有退缩的时候。如果你对任何事情都充满热情，那么你也会不止一次地受到无辜的伤害。但完全没必要为此忧心忡忡，你应该学会把受到的伤害转化成推动下一个目标的力量。

与他人友好相处

友好顺畅的同事关系是你成功的50%（甚至60%或70%），但这不仅仅意味着你只要合群、风趣或有人缘就万事大吉。如果同事们都觉得你很讨人喜欢，那将有助于你的事业蒸蒸日上。

男同事也是同事，让他们为自己所用

办公室里，不少单纯的女性通常都与男同事形同陌路，交流不多，关系也不咸不淡。她们认为，我只要做好自己的工作就行了，与他们有什么关系呢？的确，在工作中，每个人是要凭借自己的能力，但是如果你在办公室是一个非常受欢迎的女性，那么事实上，你工作起来，一定比那些沉默不语的女性更轻松、容易。职业女人要懂得，如今早已不是“男女授受不亲”的年代了，我们应该充发挥自己的魅力，让男同事为自己所用。

女性遇到男性，难事变简单

秦霜是一家公司的外勤人员，而且刚到公司不久，但只要是她去联系业务，出师必胜，没多长时间就为公司立下了赫赫战功。年初，公司的原料奇缺，材料科的同志四处奔走，却连连碰壁，而秦霜外出联系，不久问题便迎刃而解；年末，资金周转严重失灵，急需贷款，总经理急得像热锅上的蚂蚁一样。又是秦霜风尘仆仆，周旋于银行之间，竟获得贷款上百万元。不到一年的时间，老板破格提升她为公关部经理，工资、奖金一加再加。有人试图总结秦霜成功的秘诀，发现她除了具有清醒的头脑、敏捷的口才、丰富的知识和阅历及接物待人灵活之外，更重要的是她懂得利用异性巧办事。

秦霜容貌标致、气质娴雅，每每联系业务都专找对方公司的男接待员或男经理，然后活用女人的优势，轻松地就把事办成了。

秦霜的成功不是偶然的。**如今的社会还是一个男性占很大优势的社会，外出办事多数要和男性打交道，由女性出面较为顺利，这便是心理学上所谓的“异性效应”。这种现象是建立在“异性相吸”的基础上的**。人们一般对异性比较感兴趣，特别是对外表讨人喜欢，言谈举止得体的异性更是如此。这一点，在男女上都有表现，有时为了引起注意，男性特别喜欢在女性面前表现自己。

善用自己的优势，为自己争取更多的利益

女性朋友们善用“女色”，与男同事和平相处，多多利用异性相吸的原理来应对自己工作上遇到的问题，相信很多麻烦都可以迎刃而解。

控制眼泪，赢得男同事的尊敬

工作场所不可太女性化，如柔弱、情绪化、被动、犹豫不决等。生活中，眼泪似乎是女人的专属品，但是在工作中，一定不能随便掉眼泪。工作需要的是你果断干练的一面，而你的眼泪会让别人觉得你是软弱的，不能胜任工作，他们会因此而轻视你。

当然，作为女性，也不能把自己过于男性化，这就需要把握一个度。如果你想哭，你有权利这么做，然而要注意的是，应在何时、何地、何人面前放声大哭。若能在适当的时候、适当的男性面前运用“泪弹”，含泪欲滴，

低声哭诉，或许更能博取同情，达到自己的目的！

温柔话语，化解男性的刚烈脾性

同事之间朝夕相处，总是会有冲突的时候，而对于女性来说，化解冲突的最好方法就是女人的温柔。比如，当你和办公室的男士意见不统一时，先别急得脸红脖子粗，应该保持微笑，用温柔的语言化解僵局。

因为男人都是要面子的，他们即便心里承认自己输了，面子上也不肯输给一个女子。他们通常都是吃软不吃硬的，当你摆出愿意妥协的姿态时，他往往会先被你所软化，妥协得比你更彻底。

聊男人感兴趣的话题，建立异性友谊

一个女人得到男同事的欣赏，甚至喜欢，对自己的工作绝对是有好处的。比如，当你遇到困难的时候，他们会热心地为你提供帮助。

所以，你要试着与他们交朋友。而要获得一个人的好感，最有效的方法之一是挑对方感兴趣而你又有所认识的话题。一般来说，男人感兴趣的通常离不开各种球赛、汽车等。了解了对方的兴趣，你就可以在与其聊天的时候，说一说CBA联赛的赛情如何、欧洲杯足球赛谁输了、车展的新型汽车有哪些……偶尔也发表一点儿评论，说不定更能引起共鸣，不禁让他刮目相看。

另一个和男士建立友谊的方法是，和他们保持礼貌性的肢体接触。研究显示，身体的接触是拉近人与人之间距离的好方法。例如，开会时你可以坐在想建立友谊的对象旁边，在适当的时机，偶尔拍拍他的肩膀，表示支持和鼓励，等等。

适时赞美鼓励，突破对方心理防线

对男人来说，同性的100句鼓励，也没有女性的一句赞美有效。所以，女人不要吝啬赞美，当你觉得某位男同事表现突出时，大方地说出你对他的肯定，如“你真行”“令人难以置信”之类的赞美语句。

这不仅能给对方极大的激励和勇气，让其更具自信心，也容易突破对方的防线，赢得对方的友谊。而且你对他们评价越高，他们表现得越好，还会乐于为你提供种种服务，例如开车送你一程、帮你拿资料等，使你在工作上增加一份动力。

虚心请教，让他乐于帮助你

男人在任何时候，都非常乐意被别人请教。好强是男人的天性，在女人面前他们总是喜欢扮演照顾别人的角色。当女人就某些问题征询他们的意见时，他们会觉得自己受到关注、被他人需要和敬重，于是也就非常乐于提供各种意见。而向他们请教，你往往会得到很大的帮助。

善解人意，赢得男性信任

情感是联系同事关系的重要纽带。作为一名女性，要想获得不错的人缘，不妨发挥自己的女性优势，善解人意，关心同事。其实，在任何时候，善解人意的女人总是受男性欢迎的。

在公司里善解人意，会令男同事觉得与你共事是一件多么幸运的事；而你的善解人意，也会让他们更愿意帮助和接近你，比如在你遇到难题时给予鼎力支持，比如他们碰上棘手问题时也乐意听取你的意见。

女人也要想到晋升，心理障碍是最大因素

一直以来，男人在职场上都占据着主导地位。通常情况下，一个企业的高层领导人多数都是男人，女人则寥寥无几。那么，真的是女人的能力不及男人吗？答案是否定的。心理学家认为，女性在事业上不容易获得职位晋升，除了受传统观念的影响，女人自身的心理因素是这种现象发生的主因之一。单纯的女人更是如此，那么如何改变这种状况呢？

女人也要想到晋升，心理障碍是最大因素

多年来，蔡新工作一直都很出色。在今年的业务考评中，蔡新得分最高，本应是总经理，可是她拒绝了，她只希望做副总经理。

蔡新解释说：总经理必须把工作做得最好，可我不能，我只求把工作做好，因为我想做个好妻子、好母亲。蔡新知道做个副手，也能展示自己的才华，也能实现自身的价值，却少了许多的出差和应酬。蔡新工作上很出色，而且人缘很好。她觉得做个副手才有足够的时间陪孩子做作业，带孩子晨

跑，才有时间为丈夫煲汤、熨烫衣服，才有时间陪父母散步。如果身居高位的话，她怕丢掉自己的家庭幸福。

很多女性都会有诸如蔡新这样的顾虑，所以才导致女性迟迟不能晋升。可见，**职业女性要想在职场上与男人分得半壁江山，突破自身的心理障碍是关键**。

女人晋升要突破哪些心理因素

女人晋升，要超越“舍得”心理

不少女人认为，事业成功就等于放弃家庭的幸福。于是，权衡之下，还是选择了家庭，在事业上得过且过，从而导致不能晋升。其实，那些事业成功的女人不也有不少家庭美满幸福的吗？只要是运用智慧，平衡好两者之间的关系，鱼与熊掌就可兼得。

女人晋升，要超越“安逸”心理

多数男人都喜欢冒险，喜欢挑战，但是女人不然。工作的相对稳定轻松是现在绝大部分女性择业时的首要考虑，即使年轻时曾经雄心勃勃。这种思想是阻碍女性晋升的主要因素。所以，如果想在职场上有所作为，就要有一点冒险精神。女人要训练自己逐步接受风险，哪怕是失败的经验，这样能锻炼并帮助我们承受更大的决策与风险。

女人晋升，要超越“敏感”心理

女人天生情感细腻，对事物、感情比较敏感，较男人易受外界环境影响。一些女性往往被职场中的琐事困扰，对于一些人和事过于斤斤计较，对负面因素总是耿耿于怀，每每处事考虑的因素很多。而过多考虑的结果是内心苦闷的不断积聚，若无法发泄得当，便会造成职场心理失衡，要么开始逃避，要么麻木不仁，很少有实际意义上积极对待的，而这些对自己职业生涯的有序发展都是非常不利的。

女人晋升，要超越“抱怨”心理

工作碰到挫折时，男人习惯独自消化，他不会向其他同事透露烦恼，也不会表现出自己焦虑的情绪，因为他清楚这对完成工作毫无帮助。

女人比男人热衷于抱怨，习惯私下向朋友或同事表达各种抱怨与烦恼，最后可能全公司的人都知道了她经历的挫折。结果当然可想而知，谁会欣赏和提拔一个爱发牢骚的女人呢?

女人晋升，要超越“嫉妒”心理

女人较男人而言，有更大的嫉妒心理。这种心理也会反映在女人的日常工作中。同那些不应与之竞争的对象去竞争，为一些没有价值、没有意义的事和别人竞争，这些都可能使自己最后失去大局。

女人晋升，要超越“等待”心理

很多女人都不会努力去争取自己感兴趣的位置，更不会向上司展现自己的特长与才华。只希望老板能够有朝一日看到你勤奋工作的样子，进而发现你、提拔你，而你在他发现你这位“能人”之前，所做的只是苦苦地等待再等待。持有这种心理状态，说明你是一个对自己的能力缺乏自信的人，有极强的依赖性与惰性。而一味被动地等待他人的发现是极为愚蠢的想法，特别是你的上司乃至老板，他们的头脑中不知有多少事要考虑、多少关系要处理，你勤恳的工作态度他们固然不会视而不见。但若指望他能够明白你的真正需要，那可真的需要很长的时间。聪明的做法是在老板肯定了你的敬业精神之后，适时讲出你真正的需要，这样反倒会让他觉得你是一个了解自己并充满自信的人，自然会对你委以重任。

女人晋升，要超越“取悦”心理

女为悦己者容，可见女人都希望得到别人的喜欢。于是，职场上，一些女人为了博得别人的喜欢，处处留心，生怕得罪了同事或上司，生出什么枝节。对每个人她都是有求必应，笑脸相迎，从来没有对周围的人说过“No”，而这不仅不能让所有的人都喜欢你，反而会因为你对别人的有求必应，使得你在无形当中做了许多额外的工作，占用了大量的时间，使你处于一个尴尬的境地。

其实，身处职场，大可不必为了博得所有人的欢心而为难自己。只要本着个人的原则，坦诚共事，就不失为明智之举。相反，若把自己引入一个人际网的旋涡之中，非但你的业绩不会有所提高，能否在此久留都可能成为问题。所以，还是将自己的大部分精力投入到本职工作中，做出成绩才是在公司立足的前提。

女人晋升，要超越“拖延”心理

拖延而没有计划性是职场一大忌。一般来讲，女性做事是比较细致的，但同时又缺乏高层次的计划与统筹安排。另外，对于一些自己力不从心的项目总是先搁置一边，待到紧急关头，才草草行事，敷衍交差了事。要想克服这一心理障碍，第一步应认清自己的实力，绝不做太过高出自己能力范畴的事，然后要对细节深入考虑，统筹规划，时时提醒自己要思维敏锐，讲究效率。

女人晋升，要超越“优越”心理

有这种心理的多是漂亮的女性，她们认为女人漂亮就是资本，再加上她们因为漂亮，得到的宠爱和机会从小就比那些相貌平凡的女人多，这就很容易让她们产生一种优越感，以致不思进取。

殊不知，美貌能带给你一些机会，但是并不能决定你在职场上的位置，没有哪位领导会提拔一个外表漂亮却没有任何能力的花瓶女人。

女人晋升，要超越“恐惧”心理

大多女人都喜欢与更多的人和平共处，而不是互相竞争，所以她们对竞争有一种本能的恐惧。而在一个人事业成功的因素中，竞争意识的重要性不亚于才干，女人要想获得晋升，就要克服恐惧心理。

第四章

要懂得主动和人交往，拓展你的人脉圈

单纯的女人容易害羞，其实主动并没那么难

羞怯的女人会过分考虑自己给别人留下的印象，总是担心别人瞧不起自己；不管干什么事，她们总有一种自卑感，总怀疑自己的能力；她们不善于在各种场合对事物坦率地发表个人意见或评论，给人以拘谨、呆板的感觉，而且在学习、工作和生活中，这种女人不是经常考虑取得成功了会怎样，而是在考虑千万不要失败。因为女人对“安全”过分关注，所以总是小心翼翼，循规蹈矩，而不肯冒半点风险，自然事业上也不会有什么大成就。

世上没有什么好怕的

王晓芳28岁了，是个很文静的女孩子。一直以来，她有个心理障碍，就是在异性面前总是感到很紧张，很不自然，因而影响了交男朋友，也影响了与周围人的交往。她说从小就怕见生人，在生人面前不知所措；也从来不主动回答老师的提问，更害怕被点名回答问题，怕在众人面前讲话。

因此，无论是听演讲，还是公司开会，她总是坐在倒数几排的位置，联欢活动中从来都看不到她的身影，甚至有一个在公司工作了好几年的同事，连她叫什么都不知道。而在老板眼中，她更是一个不起眼的小角色。所以，尽管王晓芳工作兢兢业业，但一切好事几乎都与她无缘。

王晓芳所存在的心理现象便是羞怯心理。女人羞怯心理的表现多种多样。有的站在陌生人面前，总感到有一种无形的压力，总感觉自己正在被审视，感到极难为情，不敢迎视对方的目光；有的与人交谈时，心里发慌，面红耳赤，虚汗直冒，即使硬着头皮与人说上几句，也是结结巴巴，前言不搭后语。

一般说来，女人的羞怯心理是一种正常的情绪反应。许多人都可能有过这种体验。这虽然算不上什么大病，但是，羞怯心理对人际关系的建立和发展是一种障碍。

其实，之所以害羞，是由心理上的差距感造成的，都是自己在吓唬自己。要知道，大家都是一样的，没什么可担心害怕的。**当你坚信自己与他人处于同样位置的时候，你就会消除羞怯，由不安走向坦然**。

克服羞涩，让自己主动一些

羞怯是内心不安的一种反映，也是人的自卑感在作怪。自卑感的产生源于对自身盲目的否定。要学会正确、客观地评价自己，不要对别人如何评价自己太敏感、太介意。扪心自问："我真的不如人吗？""我真的不能像他人那样交谈、处事吗？"如果不是这样，你就不必为此担心；如果真是这样，也没什么大不了的，只需学会如何改进就可以了。人无完人，缺点是谁都避免不了的。

另外，女人之所以表现出害羞，大多是为了避免出丑。孰不知这样羞羞答答，更显得小气、矫揉造作，不会给人留下什么好印象。

所以，越是害羞就越要多参加社交活动，在实践中掌握克服羞怯心理的有效方法，不能采取回避态度。**要在与人接触中，学会如何对待别人的问候或恭维，学会如何与陌生人进行开场白，学会如何让谈话继续下去或中止谈话；锻炼在公共场合说话的本领，提高语言表达能力和技巧；多参加文体活动，扩大人际交往的圈子。这样你会在各种活动中自然地消除羞怯心理**。

另外，不要太过刻意。羞怯的人想摆脱羞怯，其结果是越想摆脱，反而表现越明显，逐渐形成恶性循环。因此，要接纳羞怯的表现，采取“随它去”的态度，带着羞怯去做事，认识到羞怯只是生活的一部分，很多人都可能有这种体验。这样反而有助于使自己放松下来，克服羞怯心理。

当羞怯的女人克服了内心的障碍，自信地走向社会时，或许奇迹就会出现——就如风雨后的彩虹，绚丽斑斓！

单纯的女人往往自恃清高，其实合作才能共赢

很多单纯的女人觉得自己很厉害，不用与他人合作也能做得很好。俗话说："三个臭皮匠，赛过诸葛亮。"放弃合作，就等于放弃了许多捷径和迅速成功的机会。目光狭隘、自私自利的小我意识只会让自己局限于原地踏步或者后退的状态里。只有懂得在竞争中求合作，在合作中求发展的女人，才能实现自身最大的价值。

竞争优势效应：学会与你的同事密切合作

大学毕业后的王茜，第一份工作是在一家企业做销售，对于新员工的一项工作是协助主管整理标书，其中有很多东西需要理解消化。王茜却觉得工作简单，根本没有什么技术含量，所以就草率行事，很多时候都把难题抛给另外几个同事。

没想到，不久，销售部进行考核，要求他们分组合作完成一个项目，其中的内容涉及的竟然都是他们所整理的标书。由于王茜对标书内容知之甚

少，几乎没有人愿意和她一起组成小组，最后她所在的小组让她完成的还是最简单的工作内容。

看着其他同事顺利过关，并开始独立负责项目，而王茜依然做着她认为没有技术含量的整理工作。王茜后悔不已。

在竞争中因为王茜的不合作，使得她输在了职场的起跑线上，如果她当时能够认真对待，不仅会赢得同事的信任，同时也会在竞争中双赢。

一位长者将两样东西赐给两个饥饿的人：一根鱼竿和一篓鲜活的鱼。于是，一个人要了鱼，另一个要了鱼竿。然后，两个人便各奔东西。

得到鱼的人选了个僻静之处，开始搭火烤鱼。他狼吞虎咽，还没有品出鲜鱼的肉香，就连鱼带汤吃了个精光。没几天，就饿死在空空的鱼篓旁。另一个人提着鱼竿强忍饥饿向海边走去，可当他看到不远处蔚蓝的海洋时，连最后一点儿力气也使完了，于是，带着无尽的遗憾离开了人间。

另外两个饥饿的人，也得到了长者恩赐的一根鱼竿和一篓鱼。只是各自拿到东西后，他们并没有分开，而是商定一起去找寻大海。他俩每次只煮一条鱼，经过遥远的跋涉，来到了海边，然后过起了以捕鱼为业的日子。几年后，他们有了自己建造的渔船，接着又盖起了房子，有了各自的家庭、子女，过上了幸福快乐的生活。

单打独斗不如与人一起奋斗

同样的处境，同样的恩赐，不合作的两个饥饿者，连自己的生命都没能保住。而懂得与他人合作的人，不但生存了下来，而且过上了幸福的生活。可见，学会与他人合作是多么的重要。

著名心理学家荣格有一个很著名的公式：“我+我们=完整的我”。女性应该知道，绝对的我是不存在的，只有融入我们的“我”才是“完整的我”。合作为我们每一个人营造了一个自由的发展空间，因此，合作才是社会的主旋律。

盲目的竞争和推脱只会导致两败俱伤的结果，即便是很有能力的女人，若不经常与人交流，互通有无，总有一天，你会发现自己已被别人划入了落伍的行列。故步自封，自信到一意孤行，不愿和任何人合作，会让人觉得刚愎自用，而在职场失去别人的帮助和信任将寸步难行。

所以，要想在职场中游刃有余，得到更好的合作关系，就要多跟别人分享看法，多听取和接受老员工的意见；不说虚假、阿谀奉承的话，不搞小圈子；坚持原则，同时还应善于变通；在大是大非上要毫不动摇，能让别人觉得你值得信赖。在适当的时候要采纳他人的意见，在不违背人原则的情况下也可以做出妥协，这样你的人际关系才能融洽。

在职场中拼搏的女人们，目光狭隘、自私自利的小我竞争意识只会让自己局限于原地踏步或者后退的状态里。**何不做一个懂得合作，与队友同舟共济的职业女性？只有在竞争中求合作，在合作中求发展，才能更好地体现女性自身的价值**。

别疏远女上司，她也有值得我们学习的地方

单纯的女人都会对自己的女上司产生一种远离甚至抵触的心理。这样做也许能避免一些麻烦事，但是无形中也丢失了很多宝贵的学习机会。一个身居高位的女人，必定有她过人的才能和品质。她的一些成功的经验可能是你一辈子都摸索不出来的。要想短时间内就取得成功，就要懂得走捷径，学习女上司身上的优点就是其中一种。

跟着女上司学习进步快

赵欣毕业后来到某公司做外事工作，她一直认为女上司大多有些口是心非、充满太多的控制欲，在她们面前，想做优秀的女下属，是不容易的。但赵欣的上司正是女性。

这位女上司已五十开外，按理说，她和赵欣没有可比性。可赵欣依然能强烈地感到她在同自己较量着，比如上班的第一天，女上司就对赵欣说："上班最好别穿超短裙！"其实，赵欣的裙子都快到膝盖了，根本称不上

超短！

赵欣因工作关系常常要参加一些外事活动。她相貌好，气质也好，在人群里显得有些突出，也备受欢迎。但赵欣发现，每当她与一些领导愉快交谈时，她的上司总是略带敌意地察看，而且回到单位就找碴发脾气。

后来，赵欣听说了上司的一些事情。原来，她因为丈夫有了外遇离婚了。因此，她对漂亮女子有种说不出的痛恨。

于是，赵欣在之后的日子里，总结出几个秘诀：穿衣尽量朴素，色彩、款式千万不要罩住女上司的光彩；出风头的事让上司去做，自己只做她的陪衬；时不时地给上司夸奖；尽量不让自己在工作上有大的失误。

如此一来，女上司对赵欣的态度渐渐好了起来。另外，赵欣还发现，上司虽然脾气不好，但是做事风格却很值得赞赏。于是，就跟着学习，不出一年时间，赵欣就因工作出色得到了提拔。

女强人一般有两种：有能力的和有手段的。有能力的女人自不必言，她身上值得你学习的优点比比皆是。比如待人接物的方法、渊博的知识、良好的心态、管理的能力等。这些都是她们长时间在职场上通过打拼沉淀下来的东西，学习经验比你自己摸索要快得多，也简单得多。

即便是那些靠其他方式上去的女人，也有值得你学习的地方。比如她的美丽秘籍，比如她是怎样赢得了现在的职位。一个能长久地坐在高位的女人，绝不仅仅只有一副美丽的皮囊，容貌只不过是助了她一臂之力。只有接触，你才会发现她那些隐藏在深处的潜能和秘诀。“择其善者而从之，其不善者而改之”，学习哪块，剔除哪块，决定权完全在你的手里。

并不是所有的女上司都像你想的那样冷若冰霜，大部分人还是懂得体恤“民情”的。即使偶尔碰上几个刻薄一点儿的，也不用惊慌失措，只要通晓与女上司相处的原则和方法，便可轻松应对，甚至可以成为她的心腹。

和女上司相处的方法

首先，要把握好一个不变的原则。必须时刻记住你们都是女人，即使她身居高位，也具有女人的一切优点、缺点和心理。再加之身份和工作的压力，在很多方面她可能比你还要敏感、脆弱。只要将心比心，用你的喜好和厌恶去推断她的，基本就不会出现太大的偏差。即便她只是为了顾及颜面而装出不赞同的样子，也不至于对你有讨厌的感觉。

其次，要明白一些具体的相处艺术，除了掌握一些可以博得她好感和青睐的方法外，也要避开一些不能触碰的雷区。

女人都喜欢听到赞美的言辞，你的女上司也不例外

要适当地夸一夸她，比如，“这件衣服显得你更漂亮了”，“这件工艺品是您挑的吧？真有档次”，等等。但是切记这种夸奖一定要应时应景，显得自然，不要给人一种故意“拍马屁”的感觉，否则就很可能适得其反。

主动打招呼，别吝惜自己的笑脸

即使女上司冷若冰霜，在电梯或楼道与她相遇的时候也要主动打个招呼，并附上甜美的微笑。跟男上司相比，女性上司更看重你接人待物的能力，而不是你单枪匹马的业绩。而且，你的笑容也会让她感到心情愉悦。

尽量不要穿和她同款式的衣服

“撞衫”可是女上司不愿意遇到的尴尬。尤其是对于比较年轻漂亮的下属，如果穿得跟女上司一样，无疑等于在嘲笑她的品位，也抢了她的风头，是对她的成就感的一种微妙的侵犯。

在不了解女上司家庭情况的前提下，不要贸然问候她的家人

很多成功的女人，家庭都比一般人要复杂一些。如果你一不留神问到她的痛处或者让她觉得尴尬的问题，可就大事不妙了。

如果女上司生病了，不必登门慰问

很多女强人并不想在女下属面前展示自己病弱的形象。但一定要记得打个电话问候和关心一下，这样会让她觉得你很会办事，也很贴心。

如果不是她主动向你咨询的话，就不要向她传授你的养颜秘方

很多女性朋友之间，都以此来增进彼此之间的感情，但这一手法对于上司和下属之间却未必奏效。你可以在闲暇轻松的场合，适当地向皮肤保养较好的女上司咨询她们的养颜秘方，另有一种赞美的效果。但切忌主动陈述自己的方法，你的女上司如何保养完全不用你来教。何况，还有很多女强人因为晋升的压力，早就失去了笑谈养颜的平常心。

不要跟她交流那些关于柴米油盐以及编织毛衣的心得

在她眼里，你应该是一个勤勤恳恳、专心工作的“上班族”，而不是一个把大半颗心都留在家里的贤妻良母。

与他人相处应留出空间，多看他人的优点

单纯的女人往往对自己喜欢的人或事越来越喜欢，越看优点越多；对自己不喜欢的人或事越来越讨厌，越看缺点越多。因而表现出过分地赞扬和吹捧自己喜欢的人或事，过分地指责甚至中伤自己所厌恶的人或事。

其实，每个人身上都有优缺点，要看你最在意的是哪些。同样半杯水，有的人看到它有一半是满的，有的人看到它有一半是空的。问问自己，对于那些自己不喜欢的人，你是不是将他们身上的缺点无限放大了呢？喜欢放大缺点的人觉得人心险恶、社会阴暗，然后会变得孤僻，难以与人交往；而看到优点的人会觉得生活美好，所以他们往往热情大方，自然朋友众多。

多看他人优点帮助我们建立良好的人际关系

高小红和张彤是一起进入一家私企的，虽然她们都看不惯职场中某些人的作为，但两个人的处世方式却大相径庭。

高小红脾气很好，虽然知道有些老员工爱摆架子，指使新来的员工做这做那，但她从不计较。反而还努力去找他们身上的优点，如经验丰富、说话很有技巧、工作能力很强等。高小红从不去在意他们的缺点，而是向他们的优点看齐，努力使自己也具备那些优点。

久而久之，高小红对那些老员工没有任何怨言了，而且还经常向他们请教问题，对他们也毕恭毕敬，深得人心。

而张彤却不一样。她是个直肠子，不喜欢谁就会表现得很明显；对那些爱摆臭架子的老员工，张彤爱答不理，有时还直接指出他们的错误。这样的脾气让张彤四面树敌。

每当张彤在工作中碰到一些难题需要寻求老员工的帮助时，总是被委婉地拒绝，所以她的工作开展起来相当艰难。而时时都笑脸相迎的高小红却获得了大多数人的好感，在职场中如鱼得水。

张彤之所以落得人际关系紧张，很大原因就是受了投射心理的影响，而这种现象在女性中普遍存在。女人的推己及人，有时候也是一种感情投射，即认为别人的好恶与自己相同，把他人的特性硬纳入自己既定的框框中，按照自己的思维方式加以理解。比如，自己喜欢某一事物，跟他人谈论的话题就总是离不开这件事，不管别人是不是感兴趣，能不能听进去。引不起别人共鸣，就认为是别人不给面子，或不理解自己。比如自己觉得人应该善良、厚道，就总是想引导身边的人向自己看齐。只要别人的做法违反了自己的原则，就将其定义为“恶人”，或者大加指责。

其实，**想要改变别人是件吃力不讨好的事情，而且对方不仅不领情，还会怀恨在心**。**在人际交往中，破坏力最强的莫过于“你错了”三个字**。伟大的心理学家席勒说：“我们极希望获得别人的赞扬，同样的，我们也极为害怕别人的指责。”无论在生活还是工作中，人与人之间的接触，任何人都可以选择自己的处事方式，不要对别人的错误过于敏感，也不要强迫别人同意你的想法，要懂得尊重别人的意见。

给别人充分的尊重

如果对方的某些缺点或做法实在让你看不过去，想要提出意见时，也别太过直接和尖锐。直接提出不赞同的意见会招人反感，并且在这种情况下别人根本没有心思去听你的意见。即使你用最温和的言辞，要改变别人的意志也是极不容易的。既然知道自己这样做很难打动别人的心，为什么不让自己换一种方式呢?

耶稣曾经这样说过：“赶快赞同你的反对者。”换句话说，别跟对方争辩，别指责他，别激怒他，不妨先尊重他的意见，再以退为进。如果有人把他们的观点硬塞给我们，相信我们也是无法接受的。

如果你要纠正某人的错误，千万别说“你不承认自己有错，我就证明给你看”。这句话的潜台词就是：“我比你聪明，我要用事实来纠正你的错误。”听的人自然会觉得很不舒服，更无心去接受你那所谓正确的观点。你完全可以换一种说法，比如“好吧，让我们来探讨一下”，“我有另外一种看法”，“我的意见不一定正确，因为我也经常把事情弄错，如果我错了，我愿意改正过来”。这样的话让别人接受起来就容易多了。

每个人都有被人认可和尊重的愿望，不要用你的权威去挑战他们的忍耐力，要成为一个受欢迎的女人就一定要懂得：只有尊重了别人，你才会从对方那里得到尊重。

孔子曰：“三人行，必有我师焉。”每个人都有值得你学习的地方，关键在于你有没有主动去发掘他们的优点。你可以不喜欢某人为人处世的风格，可以不喜欢某人斤斤计较的小肚鸡肠，可以不喜欢某人骄傲自大的脾气，可以不喜欢某人谄媚的嘴脸。但扪心自问，他们就真的没有一点儿优点吗？还是你心量太小，让指责和厌恶占据了太多的空间呢？

如果让那些缺点蒙蔽了我们的双眼，你就难以接受别人，别人做什么你都看不顺眼，这样你就很容易“树敌”。女人在社会上打拼，本来就面临着各种无法预知的风险，如果你再人为地“树敌”，那你的处境只会更加艰难。在家靠父母，出门靠朋友，多一个朋友就多一条出路。既然如此，何必去做那些对自己不利的事呢？换一种心态去看吧！我们要学会放大别人的优点，忽略别人的缺点，这样你就不会觉得一切都和你过不去了。

学会发现别人身上的优点，你会发觉，其实那个你不喜欢的人并不难相处，你的人际关系将会变得更好。

单纯的女人有了交际圈才有社交安全感

作为一个女性，要善于塑造自我、肯定自我、提升自我、表现自我，而在人际交往中能够打造属于自己的社交圈，则是新时代女性在性别主体上和独立性上展示自己价值的最好体现。

社交圈是女人魅力的表现

她们的社交圈通常都包含“第一圈子”和“第二圈子”两个层次，其中：

第一圈子：是为了利益

通常“第一圈子”中利益的成分占很大比重，因为将彼此联系在一起的是工作。很多事情，就算你不喜欢，你还得做；很多人，就算你不喜欢，你也得和他们打交道。在这个圈子里，有你所不喜欢但必须直面的人，所以这个圈子未必是轻松的。

第二圈子：是你喘息的地方

你可以和好友约好每周末做美容，善待自己外加放松心情；你可以和几个玩得来的朋友下酒吧逛商店，聊到哪里是哪里；还可以在节假日和“狐朋狗友”一起出门旅游，潇洒走天涯。这样的圈子很松散、默契，因为大家的目的很明确，就是追求快乐。

聪明的女人善于打造自己的交际圈，她们在多个交际圈中长袖善舞，这不但是女人的自信，也是女人魅力的表现。

女性可以这样打造自己的交际圈

推销自己

在人际交往中要尽可能地推销自己。当别人想要与你建立关系时，她们常常会问你是做什么的。如果你的回答没有表示出你的热情，你就失去了一个与对方交流的机会。使你的回答充满色彩，同时也能为对方提供新的话题，说不定其中就有对方感兴趣的。

帮助他人

当朋友遇到困难时应及时安慰或帮助他们。不论你关系网中的谁遇到麻烦，你都应该立即与他通话，并主动提供帮助。这是表现支持、联络感情的最佳时机。

与圈子中每个人保持积极联系

要与关系网络中的每个人保持积极联系，唯一的方式就是善于运用自己的日程表。比如，记下那些对自己特别重要的人的日子，像生日或周年纪念日等，并在那个日子到来时，给他们打个电话，或者至少给他们寄张贺卡让他们知道你时时在想着他们。

别总做接受者

在社会交往中不能总做接受者。如果你仅仅是个接受者，而不会主动联络、帮助别人，那么无论什么网络都会疏远你。搭建关系网络时，要做得好像你的职业生涯和个人生活都离不开它似的，因为事实上的确如此。

要常出席重要场合

多出席一些重要的场合，会对你扩大自己的社交圈有很大帮助。因为重要的场合可能会同时会聚了自己的不少老朋友，利用这个机会你可以进一步加深一些印象，同时还可能认识不少新朋友。所以对自己关系很重要的活动，不论是升职派对，还是同事的婚礼，都要积极参加。

利用自己的旅行

如果你旅行的地点正好邻近你的某位关系成员，不要忘记提议和他共进午餐或晚餐，借此增加彼此的了解，获取一些对自己很重要的信息。

以最快的速度去祝贺他

遇到朋友或同事升迁或有其他喜事，要记得在第一时间赶去祝贺。当你的关系网成员升职或调到新的组织去时，也要尽早赶去祝贺他们。同时，也让他们知道你个人的情况。如果不能亲自前往祝贺，也应该通过电话来表达一下自己的友谊。

组建有力的人际关系核心

在自己的关系网络中选几个自认为靠得住的人组成稳固、有力的人际关系的核心，可以包括自己的朋友、家庭成员和那些在你职业生涯中彼此联系紧密的人。他们构成你的影响力内圈，因为他们能让你发挥所长，而且彼此都真心希望对方成功。在这个圈子里不存在钩心斗角，他们不会在背后说你坏话，反而会从心底为你着想。你与他们的相处会愉快而融洽。

遵守关系网络的规则

时刻提醒自己要遵守人际交往中的规则，不是“别人能为我做什么”，而是“我能为别人做什么”，在回答别人的问题时，不妨再接着问一句：“我能为你做些什么？”

当然，成功地打造了自己的人际关系网络以后，并不代表它就一成不变了，事实上，世界上的一切事物，都处于不断的运动、变化和发展之中。精心营造的人际体系，如果不随着客观事物的发展而发展，就会逐步处于落后、陈旧甚至僵死的状态。因此，一个合理的人际结构，必须是能够进行自我调节的动态结构。动态原则反映了人际结构在发展变化过程中前后联系上的客观要求。

要习惯维护自己的圈子，不断从圈子里边获得养料，只有这样才能让自己的关系圈不断扩大而且永不过时。

办公室是讲究相处艺术的地方

单纯的女人往往不注重办公室政治。其实，在办公室里，能否处理好与同事的关系，会直接影响到你的工作。建立良好的人际关系，得到大家的喜爱和尊重，无疑会对自己的生存和发展有很大的帮助，而且愉快的工作氛围，可以让人忘记工作的单调和疲倦，会使人对生活能有一个良好的心态。而这就需要你掌握好与同事相处的艺术，精通与人交流的技巧。

简单处理办公室人际关系的原则

不私下向上司争宠

要是办公室当中有人喜好巴结上司、向上司争宠的话，肯定会引起其他同事的反感而影响同事之间的感情。要是真需要巴结讨好上司的话，应尽量邀同事一起去巴结上司，而不要自己在私下做一些见不得人的小动作，让同事怀疑你对友情的忠诚度，甚至还会怀疑你品德有问题，以后同事再和你相处时，就会下意识地提防你，就连其他想和你交朋友的人都不敢靠近你了。因此，不私下向上司争宠，也是处理好同事之间关系的方式之一。

直接向上司陈述你的意见

在工作中，每个人考虑问题的角度和处理的方式难免有差异，对上司所做出的一些决定有看法或意见也属正常，但切记不可到处宣泄；否则经过几个人的传话以后，即使你说的话有道理也会变调变味，传到上司的耳朵里时，便成了让他生气和难堪的话了，难免会对你产生不好的看法。所以最好的方法就是在恰当的时候直接找上司，向其陈述你自己的意见，当然最好根据上司的脾气性格用其能接受的语言表述。作为上司，他感受到你对他的尊重和信任，对你也会另眼相看，这比你到处发牢骚好多了。

乐于从老同事那里吸取经验

在办公室里，那些比你先来的同事，比你积累了更多的经验，有机会不妨向他们请教，从他们的经验里寻找可以借鉴的地方，这样不仅可以帮助自己少走弯路，更会让公司的前辈们感到你对他们的尊重。尤其是那些资历比你长，但其他方面比你弱一些的同事，会有更多的感动。而那些能力强的同事，则会认为你善于进取，便会乐于关照并提携你。

让乐观和幽默使自己变得可爱

即使你从事的工作单调乏味或是较为艰苦，也千万不要让自己变得灰心丧气，更不要与其他同事在一起抱怨，而要保持乐观的心境，让自己变得幽默起来。因为乐观和幽默可以消除同事之间的敌意，更能营造一种和谐亲近的人际氛围，有助于你自己和他人变得轻松，从而消除工作中的乏味和劳累，最为重要的是，在大家眼里你的形象会变得可爱，容易让人亲近。当然，幽默要注意把握分寸，分清场合，否则会招人厌烦。

适时帮助新同事

新同事对手上的工作和公司环境还不熟悉，很想得到大家的指点，但是有时由于和同事不熟，不好意思向人请教。这时，如果你主动去关心帮助他们，在他们最需要得到关心和帮助时，伸出援助之手，他们就会铭记于心，打心眼里深深地感激你，并且会在今后的工作中更主动地配合和帮助你。

与同事多沟通

生活中不难发现，有的企业因为内部人事斗争，不仅企业本身“伤了元气”，对整个社会舆论也产生不良影响。所以作为一名企业员工，尤其要注意加强个体和整体的协调统一。无论自己处于什么职位，首先要与同事多沟通，因为个人的能力和经验毕竟有限，要避免“独断独行”的现象。当然，同事之间有摩擦是难免的，即使是一件事情有不同的想法，也应本着“对事不对人”的原则，及时有效地调解这种关系。从另一角度来看，此时也是你展现自我的好机会。用成绩说话，真正令同事刮目相看。

适度赞美，不搬弄是非

若想获得同事的好感，适度的赞美是必要的，如“你今天的唇膏颜色真漂亮”，在无形中让同事增加了对你的好感。但切记不要盲目赞美或过分赞美，这样容易有谄媚之嫌。同时，切忌对同事评头论足、搬弄是非，要尊重个人的权利和隐私。如果你超越了自己身份的话，很容易引起同事的反感。

和同事相处还要讲究艺术

怎样与同事友好相处呢?

与同事相处的第一步便是平等

不管你是职高一等的老手还是新近入行的新手，都应绝对摒弃不平等的关系，心存自大或心存自卑都是同事间相处的大忌。

和谐的同事关系对你的工作不无裨益

不妨将同事看作工作上的伴侣、生活中的朋友，千万别在办公室板着一张脸，让人们觉得你自命清高，不屑于和大家共处。

与同事公平竞争

面对共同的工作，尤其是遇到晋升、加薪等问题时，同事间的关系就会变得尤为脆弱。此时，你应该抛开杂念，专心投入工作中，不要手段、不玩技巧，但绝不放弃与同事公平竞争的机会。

先站在对方立场上去想

当你苦于难以和上司及同事相处时，殊不知你的上司或同事可能也正在为此焦虑不堪。相处中你要学会真诚待人，遇到问题时一定要先站在别人的立场上为对方想一想，这样一来，常常可以将争执湮灭在摇篮中。

不要透露你的私生活

世间会有君子，就一定会有小人，所以我们所说的真诚并不等于完全无所保留，和盘托出。尤其是对于你并不十分了解的同事，最好还是有所保留，切不要把自己所有的私生活都告诉对方。

最后再提醒你一句，同事间相处的最高境界是：永远记得不可能每个人都是好人。

办公室的"恶同事"如何处理

办公室一般人好交往，还有一类人比较讨厌，怎样对待办公室的"恶同事"呢？

事事同意型

对任何提议都表示赞成和鼓励，借口是不想压制别人的创造性，最喜欢说的就是"我同意"，"可以这样干"，但是事过之后就没有了下文。他们一概同意的做法让他们自己变得毫无意义。

★对策：忽视他们。

是非型

是非型的人最喜欢探听他人的隐私，他们以制造、传播谣言为乐。

★对策：不必如临大敌，最好敬而远之。

对于一般的谣言，记住“清者自清，浊者自浊”；对于过分的谣言，完全可以将造谣者告上“公堂”。

当然了，千万不要和这种人成为好朋友，尤其不要袒露自己的私生活。要知道，当这个人告诉你一点儿关于别人的秘密的时候，他很可能也会把你的秘密这样告诉别人。

脾气怪异型

他们可能没有什么恶意，他们只是很难相处，脾气怪异，行为离奇，你无法用正常人的思维去理解他们。

★对策：如果不巧与他们有矛盾，要就事论事地与他们争论，千万不要借题发挥，这样可能会激怒他们。

贬低别人型

这种人处处要显得比别人优越，你说什么他都要插嘴，每一件事他都要证明他知道得比你多。这样做的原因是他们有无法排解的虚荣心，或者是隐藏得很深的自卑。

★对策：把他的话当耳边风，他们实在是不值得你生气。

恶人型

这是最危险的一种人，因为他们可能有一个美丽的包装。他们看起来很善良，很富有诚意，对你又非常关心。

而一旦你跟他的利益发生冲突，他就会狠狠地踩你一脚，有时候，他们甚至是“损人不利己”的。

★对策：最好的办法是尽量避开，就算他来笼络，也不要加入他的圈子；当他开始使坏时，要么就“先下手为强”，向上司披露他的劣迹，要么就走人。

口是心非型

他会说你爱听的话，答应帮你的忙，但到了关键时刻却溜之大吉。

★对策：不上第二回当。

不当上司的替罪羊，学会见机行事

在职场中，每一个职业女性都会遇到一个会对她的事业、健康、情绪产生直接影响的上司。无论是男上司还是女上司，能否与他们和睦相处，对女性的身心健康、发展前途都有很大影响。那么，如何才能做到与上司和睦相处呢？

与上司相处要遵循的原则

了解上司的为人

如果你不了解上司的为人、喜好和个性，只顾埋头苦干，工作再怎么出色也不会得到上司的赏识和认同。上司欣赏的是能深刻地了解他，并知道他的愿望和情绪的下属。了解你的上司，不但可以减少相处过程中不必要的摩擦，还可以促进相互之间的沟通，为自己的晋升扫清障碍。

注意等级差别

你与上司在公司的地位是不同的，上司不是你的朋友，他在乎他的权威和地位，他需要别人的承认。如果你的上司还有上司，你和他开玩笑，他会很没面子。就算他是你的朋友，在公司也最好把你们的关系界定为简单的上下级关系。

保持忠诚

忠诚是上司对员工的第一要求。不要在上司面前搞小动作，你的上司能有今天的位置说明他绝非等闲之辈，你智商再高，手段再高明，在他的经验阅历面前也不过是班门弄斧。

摸清敏感上司的动机

上司的不同命令的下达方式可能暗含着不同的目的，比如吩咐，即要求下属严格执行，不得另行提出建议及加上自己的判断；请托，给予下属若干自由空间，但大方向不得更改；征询，欲使下属产生强烈的意愿和责任感，对他极为青睐；暗示，面对能力强的下属，有意培养对方的能力。所以，当你接受一个任务时，一定要弄清上司的动机，不要辜负上司的美意，错失良机。

不要委曲求全

因为工作被冤枉时，一定不要委曲求全，因为一方面你的“大度”可能掩盖了公司内部真正存在的问题，另一方面会让上司误解你的能力甚至是人品，你的沉默将使他对自己的判断更加深信不疑。既然于公于私都无益，那你还不如找机会解释清楚。

不要在上司面前流泪

泪水容易给人造成这样的印象：她是柔弱的，她的承受力太差了。如果你在上司面前流眼泪，那么原先打算提拔你的上司，也可能会认为你不能胜任你的工作，而把机会让给其他人。

及时完成工作

员工的天职就是工作。如果没有完成上司交给你的任务，不论有什么客观因素，也最好不要在上司面前解释什么。没有做好本职工作，任何理由都不是理由，因为上司关心的只是工作的结果。工作没做好，你的解释只会让他更加反感。如果确实是上司的安排有问题，你可以事后委婉地提出，但千万不要把它作为拖延工作的理由。

小处不可随便

在上司面前，要注意自己的言谈举止和工作中的细节问题，越是随意的场合越要加以小心，正所谓“当事者无心，旁观者有意”。很多上司都信奉“见微知著”的四字箴言，认为这些生活中的细节很容易暴露一个人的秘密。比如文件的摆放可以看出你做事的条理性和缜密度，发言的声音大小说明了你的自信心如何，酒会上的行为是否得体体现了你的个人修养与自制力，等等。

要有团队精神

任何一个上司都不会喜欢害群之马，因为是他所管理的团队给了他威严、权力和成就感。没有整个团队的成长，他的事业就失去了依托。所以不要只想着怎样讨上司喜欢，要和你的同事和睦相处，不要搞个人主义，团队意识是你成为一名优秀员工最基本的要求。

怎样在上司面前赢得最佳印象

提前上班

如果能早一点儿到公司，会显得你很重视这份工作。每天提前一点儿到达，对一天的工作做个规划，当别人还在考虑当天该做什么时，你已经走在别人的前面了！

说话谨慎

对工作中的机密必须守口如瓶。如果说话随便，说不该说的话，有意或无意地泄露秘密，将会给上司和自己的工作带来不便。

反应要快

上司的时间比你的时间宝贵，不管他临时指派了什么工作给你，都比你手头上的工作来得重要，接到任务后要迅速、准确、及时完成，反应敏捷给上司的印象是金钱买不到的。

勇于承担压力与责任

公司在不断成长，个人的职责范围也随之扩大。不要总是以“这不是我分内的工作”为由来逃避责任。当额外的工作指派到你头上时，不妨把它当作一种机遇。

苦中求乐

不管你接受的工作多么艰巨，也要做好，千万别表现出做不了或不知从何入手的样子。

保持冷静

面对任何困难都能处之泰然的人，一开始就取得了优势。老板和客户不仅钦佩那些面对危机不变声色的人，更欣赏那些能妥善解决问题的人。

善于学习

要想成为一个事业成功的人，不断学习、充实自己的知识是必要的。既要学习专业知识，也要不断拓宽自己的知识面，往往一些看似无关的知识会对你的工作起到很大作用。

切勿对未来预期太乐观

千万别期盼所有的事情都会照你的计划发展。相反，你得时时为可能发生的变故做准备。

和男上司的相处之道

单纯的女性总是不知道如何跟领导相处。特别是男性领导，她们不知道应该怎样表现自己，不知道怎样让自己和领导轻松地交流，也不知道该如何掌握分寸。其实，对男上司，并不用太过拘谨。除了必要的尊重，学会和男上司相处的方法就可以了。

和男上司相处的方法

俗话说“男女有别”，剔除其中的封建因素，这也确实是一句大实话。尽管社会越来越进步与开放，但在职场中，女士们和异性上司相处的时候，一定要注意下面所说的这些细节。

不管他喜欢不喜欢小鸟依人型的女子，别在他面前“发嗲”

也许男上司并不讨厌你“发嗲”，但旁观者会认为你别有企图，流言可能会使男上司有意利用你的这种“企图”。

空闲时彼此聊聊儿女的近况总不会错

现代成功人士总是乐于展示他们贤夫良父的形象，无论他是38岁还是58岁，儿女总在他的生命中占着至关重要的位置。

如果跟随男上司外出谈判或参加有关会议，衣着要适合场合。

男上司往往对“职业身份”十分看重，这时穿得职业化一些，会更恰当。

上班穿着一定要整洁、得体、大方

夸张的服饰除了会影响周围同事工作时的专心程度外，更会使男上司怀疑你的工作能力。在工作环境中，化太浓的妆或在工作时经常补妆，有欠对男上司的礼貌，也会妨碍工作。

对付性骚扰有轻有重

首先要了解到底什么才是性骚扰：

（1）只是顺口赞美你今天穿得很漂亮；性骚扰则是赞美你的衣着时，还用色眯眯的目光在你身上打量。

（2）把手搭在你肩上，并且给你一个与其他人相同的拥抱；性骚扰则是搂着你不放。

（3）对方在你的桌上留下一张字条，赞美你的工作表现；性骚扰则是对方一再在你桌上放置写有性暗示字句的字条。

（4）如果对方还是单身，并且约你出去，你可随时拒绝；性骚扰则是如果对方已经结婚了还约你出去，或者对方仍是单身，在约你出去而遭拒绝时，便威胁如果你不“合作”便要将你开除。

（5）听到值得高兴的好消息时，轻拍你的肩膀或手臂；性骚扰则是在公共场合或者私底下，暧昧地触碰你的身体。

（6）说些粉色或黄色笑话时，你只觉得蛮有趣的，却没有猥亵的感觉；性骚扰则是说粉色或黄色笑话时，过分强调一些床上的细节或者夸大自己的性能力。

如果你确定遭到了性骚扰，要根据情节轻重采取适当的反击行动，不要只是默默地承受。自信而且具有良好形象的女性，不能让自己成为这种行为的牺牲品。不要因为害怕失去工作，就使自己每日处在担惊受怕的环境中。如果受害人是在只有两三个职员的小公司工作，而施加性骚扰的人又是这家公司的老板，可做的选择包括离开这家公司。无论你将面临多大的财务困难，都应该设法辞去这份工作，必要时采取法律手段维护自己的尊严。

不与男上司玩暧昧游戏

现今社会，男女两性一同受教育，一同工作，一同参与社交活动。两性之间的关系愈来愈密切。一男一女在一起工作，很容易惹起议论。

职业女性要想避免来自上司或同事的感情风波，最聪明的做法，就是将私人感情抛出办公室，谨慎地处理与男上司的关系，提防不适当的恋情影响自己的前途。年轻女性一旦卷入男上司的家庭风波中，有时不但会损害工作，甚至还会不幸地丧失贞操，非常不值得。

当办公室里发生了恋情风波时，一般主管会认为资深的上级职员本身有了权力，不足以影响工作，而且职位本身较重要。至于资浅的年轻下级职员，对公司的贡献不多，而出了毛病，必须立即离开公司，另寻去处，以平息这场足以影响办公室的氛围的风波。因此，在这种办公室的恋情中，牺牲者往往是女性下属。

学会和职场里看不惯的人交朋友

职场中，我们总会遇到一些与自己不太合拍的人。他们或许做人不受人待见，也可能是行事太过张扬，所以导致人人都不爱和他们交往。

有时喜欢和厌恶是一种无法控制的情绪，我们无法掩藏。但在生活中，我们又不能时时刻刻把对人的喜好都挂在脸上，若是遇到自己喜欢的人还好，但若对方是自己厌恶的人呢？

若是赤裸裸地表示讨厌，势必会惹出许多不必要的麻烦。

原本对方是与自己有利益关系的合作对象，这样一来，不但买卖不成，还有可能伤了和气。

若对方是自己的上司，我们还这么喜怒形于色，难免会被上司察觉，然后怀恨在心，在工作中给我们“小鞋”穿，或者取消许多原本属于我们的成功机会，如此多不划算？

职场中，我们会遇到一些自己不喜欢的人

在职场中，为人处世是一门严谨的学问。

我们在生活中势必会遇到形形色色的人，其中肯定会有那么一两个自己看不惯的人，遇到这种情况，我们该如何做？尤其是在职场中，若是遇到我们必须要与之接触或者交往的人，但我们又实在不喜欢，我们该怎么办？

“你今天能见到我仍在这家电视台工作，实在是机缘巧合。原本我已经打算辞职了，可是遇到一位老前辈，他告诉我一句话：在生活里，一定要把自己变为水，这样才能被倒进任何容器。就是因为这句话，改变了我想要辞职的想法。”

“你为什么想要辞职呢？”我问。

“因为我实在看不惯一些人的行事作风。”

讲这段话的人是我如今的一位同事。作为一个刚进单位的新人，我喜欢倾听他人的故事，而她也恰好愿意与我说。

她说，她十年前进了电视台后便开始了职场上的摸爬滚打，女人能够拼出一片天地实在不容易，所以她格外珍惜。但也因为这样珍惜，所以付出努力却因为一些原因而得不到相应回报的时候，她便十分心寒。

“那个时候，我每天加班到晚上十点，自己也有学历，有条件升职。可却得不到领导的重用，所以……那时我的主管是个善于溜须拍马的人，有一段时间我见他就烦。”

女人容易受情绪影响而做出一些错误的决定。

那时，她已经准备好了辞呈，就在去提交辞呈的路上，在电梯中她遇到了那位前辈。

前辈看见她手中的辞呈，问道：“你要辞职？”

她沉默不语，因为去意已绝。这职场中她看不惯的人太多，实在无法再

在这样的环境中工作了，她觉得未来一片漆黑。

前辈说道："如果你是因为有了更好的去处才辞职的，那么我恭喜你。如果你是因为你部门中有你不喜欢的人，那么我还是建议你不要辞职。如何做实事才是最重要的，至于生活中你不喜欢的人，他们是永不会改变的，你若与之斤斤计较，痛苦的只有你自己。

"我们需要学会如何与自己不喜欢的人相处，而不是想着如何自断翅膀避开他。"

学会尊重自己看不惯的人与事

老前辈这番话说得一针见血，也直接将她的心态改变了。

是啊，我为什么要为了我看不惯的人而牺牲自己呢？

网络上有一句话流传甚广："看不惯别人，都是自己修养不够。"

一个人品性修养到了一定地步，也就像水一样，能够包容万物，泰然处之，淡然笑之。

自古以来，那些被称为枭雄的人，哪一个不是手腕圆滑，极会做人。他们仿佛没有不满过谁，自然也没有多少人不喜欢他们。

一个再差劲的人得到相应的尊重，哪怕他再不济，都是愿意给你三分颜面的。我们若能够以全新的心态看待别人，每当自己在不喜欢的人身上发现一个新优点，自己的快乐就多一分。

做人要如水。这句话的意思不是要我们做随波逐流的人，而是要做到遇事不乱，能与世上所有看不惯的事物共存。

这是一种智慧的生活方式，也是一种修得善缘的好人生。

学着与看不惯的人相处，生活变得更美好

后来，我那位朋友把心全放在了工作上，尽量学着和看不惯的人相处，最后发现任何事情都有好的一面。哪怕看到别人做事违背了她的做人原则，她也不再去较真。这样一来，和同事、领导间的相处就变得平和了许多。

再后来，少了生活中的那些“刺儿”，也因为她工作成绩突出，她被升为副台长，在这个行业里有了一个合适的舞台，能够尽情地发光发热。

如今，她还会常常想起那位前辈的那些话，在郁闷的时候诘问自己：他们又不会改变，我为什么要耿耿于怀？我唯一能做的只有改变自己。

如何将我们的人生活得更精彩，才是我们需要考虑的问题。

善于与不喜欢的人打交道，也是人生的一门大学问。

第五章

·学会保护自己，害人之心不可有，防人之心不可无·

单纯的女人要会自己安慰自己

当你的事业、爱情、婚姻不尽如人意时，当你因经济上得不到合理对待而愤怒时，当你最爱的人背叛你，将你视为陌路时，当你因生理缺陷遭到嘲笑而郁郁寡欢时，单纯的女人不妨自己安慰自己，营造一个祥和、豁达、坦然的心理氛围。

自己要会安慰自己

琳达离婚了，这段在旁人眼里是那样美满幸福的婚姻说解体就解体了。丈夫经不起婚外情的诱惑，一夜之间由最爱的人变成了陌路人。

被甩出原来的生活轨道后，琳达刚开始只是躲在家里悲泣，晚上流泪失眠，白天萎靡不振，总是一遍又一遍地问为什么。伴随她的只是漫长而无奈的狂躁。那一刻，天仿佛塌了下来。

不知不觉中她的头顶竟有少许的白发。面对不该有的一根根白发，琳达很为自己不值。她想：为什么我要如此痛苦而让他去享受生活？离开我是他的错误，我又没有损失什么，后悔的应该是他。不是他不要我了，而是我有机会去寻找一个比他更优秀的人来爱自己。于是琳达下定决心，一定要改变自己。

琳达不再拒绝户外的阳光，常常带着女儿去公园坐坐，去书店看书，去郊外爬山行走于田间。天空是那样得广阔辽远，山间是那样得清晰亮丽，田间劳动的汗水展现着欣欣向荣的景象。琳达嗅着这些气息生活着，她想：重要的是我认真地生活着……

琳达的自我安慰，让自己及时从别人的错误里走出来，不再停滞不前。她的豁然开朗是智慧的选择。

凡事多往好处想

伊索寓言有这样一个故事：一只狐狸吃不到葡萄，就说葡萄是酸的；只能得到柠檬，就说柠檬是甜的，于是便不再感到苦恼。其实这与阿Q的“精神胜利法”还是很像的。心理学便把以某种“合理化”的理由来解释事实，变恶性刺激为良性刺激，以求得心理自我安慰的现象，称为“酸葡萄与甜柠檬”心理。

不错，女人很多时候就是需要用这种“酸葡萄与甜柠檬”式的心理来安慰自己。所谓的理由不过是“自圆其说”，但确有维护心理平衡，实现心理自救之效。单位里评职称，不能每人一份，为此茶不思饭不想也太不值了。这次评不上还有下次，再说，没有职称也一样称职，有实实在在的业绩就不掉价，何必为个虚名玩命？恋人分手了，也好，跟这样无情无义的人结婚，说不定要倒大霉，早跟他“拜拜”，岂不是免去后患？两百块丢了，就当年终奖没发，“去财免灾”。

漫漫人生路，有谁能说自己是一路鲜花、一路阳光走过来的？又有谁能够放言自己以后不会再遭到挫折和打击？面对这样和那样的不如意，总是一味地沉溺在愁苦中，只会让自己伤痕累累，疲倦不已。那么，可爱的女人们，就让我们来点阿Q精神，起码在最困难和最失意的时候，这些看起来有些自欺欺人的小把戏，往往会带给我们意想不到的结果，避免一些不愉快。

比如，当你好不容易有了一座房子，却看见人家已经住别墅了，出入有豪车相伴，此时我们可以想着还有很多人没有房子，一些人甚至还流落在街头，心理就会得到安慰，也就觉得生活不是那么没有希望……

当一件事清注定要发生时，靠苦闷是解决不了问题的。因此我们必须考虑自己今后的打算，而不是去消极抵抗；如果事情已经发生，无论如何也挽救不回了，你必须冷静面对。一切从头再来，我们还有的是机会。

挫折发生以后，让自己去接受最糟糕的结果

单纯的女人遇到挫折，往往会一蹶不振，其实人生之路难免磕磕碰碰。一个女人，要面对的最大敌人就是内心的自己。有人说过一句话："能接受最坏情况就能在心理上让你发挥新的能力。"如果你觉得事情糟糕透顶，不妨想想最坏的结局是什么。如果连最坏的事你都能接受和面对，那还有什么可怕和忧虑的呢？当你成为一个敢于战胜忧虑，敢于从心底接受最坏的情况的女人时，就能最终战胜自己，战胜命运。

都接受了最坏的情况，那还有什么是不能承受的呢

当初孙青青打算嫁给张小鹏的时候，她的父母十分反对。但那时她觉得这个男人就是自己的真命天子，为了回报他的爱情，她中止了大学学业和张小鹏私奔到上海，他们从爱情的宫殿一下跌到了生存的危机线。

整整十年，他们携手创业，直到今天有一个公司、八个连锁店。在这十

年中，丈夫一直把她捧在手心里，而她也全心全意地扶持他的事业。

那天，孙青青去商场购物，丈夫说晚上有应酬，让她买完东西后自己回去。在商场里，孙青青遇到了小学同学简芳，好久没见的两人特别兴奋，买完东西后，简芳跟着孙青青回到家里叙旧。晚上九点过了，孙青青想让丈夫驾车过来，把简芳送回家。拨通了丈夫的电话，孙青青想让丈夫猜猜是谁，就把电话交给了简芳，只见简芳刚“喂”了一声就皱着眉头没有了声音，而后才听她说：“你知道我是谁吗……”

孙青青接过电话，丈夫说：“今天会闹到很晚，你让她自己回去吧！”

孙青青有些不快，从来他都是顺从的，今天遇见稀客，他也不愿理会。简芳说：“他并不知道是我啊，为什么我才喂了一声，他就说‘今天要晚点到’呢？”简芳似乎有所感觉。可是她又不敢相信，谁都知道孙青青和丈夫的婚姻是最美满的。简芳自言自语地说着，孙青青的脸色却变了。孙青青沉默了一会儿说道：“走吧！既然他不来，我叫出租车送你！”

送走简芳，孙青青坐在沙发上等丈夫回来。那一晚，觉得十分委屈的她和丈夫大闹了一场，丈夫承认了自己有外遇的事实，坦白了一切。

孙青青整整哭了三天，她不愿意出门，也不愿意见任何人。而丈夫为了避免与孙青青吵闹，也不再回家。十几天后，当孙青青看到镜子里的自己时，她惊呆了。这个头发蓬乱、眼窝深陷的女人还是自己吗？她觉得自己不能再这样下去，可仍无法接受遭到背叛的事实，于是她去找了心理医生。

听罢她的讲述后，医生说：“你想过最坏的结果是什么吗？”

“最坏的结果？”孙青青想了想说，“离婚吧！”

“那么你害怕离婚吗？”

“不怕了，如果没有爱了，那婚姻还有什么用？”孙青青说。

“既然你连最坏的结果都不怕了，你还怕什么呢？”

那天回到家，孙青青把丈夫叫了回来，对他说：“你自己选择吧！不论结果如何，我都可以接受。另外，天冷了，你要是还打算出去住，就把厚衣服带走吧！”

那一晚，丈夫住在了家里。

之后的日子里，她再没向丈夫提起过那个女人，而是活得更加精彩，时不时地约好友逛街或者去健身、美容，并一如既往地照顾和体贴丈夫。

事情的结果是，丈夫终于想通了，并没有选择离婚，而是与那个爱慕他钱财的女人断绝了关系，回到了孙青青身边，从此更加疼爱她。

忧虑带给我们的危害非常大。比如，**再没有什么比忧虑能使一个女人老得更快，使她脸上的皮肤产生斑点、溃烂和粉刺，以致摧毁她的容貌；忧虑使我们老是愁眉苦脸，导致我们头发灰白，有时甚至会使头发脱落**。如今患心脏病的人越来越多，其中，有很大部分人都是由于忧虑和过度紧张的生活引起的。

拥有坚强的勇气，让自己能平静地做人做事

忧虑并不是不可避免的。如果你对某件事担心得不得了，不妨学学孙青青的做法，问你自己：“可能发生的最坏情况是什么？”如果你必须接受的话，就准备接受它，然后很镇定地想办法改善最坏的情况。比如，害怕失业，便想想失业后自己能干什么，并努力提高自己的能力；担心老公变心，便想想怎样挽回，或者考虑一下怎样把自己的日子过得风生水起。当你接受了可能发生的最坏情况，那么你就能放松心情，以全新的姿态迎接崭新的生活了！

其实，没有什么事情是可怕的。人生最大的恐惧莫过于死亡，而死亡对于大部分人来说都是很遥远的事情。多数事情最糟的结果，不过是从头再来。能拥有这种心态的女子，即使失败了，也会用平常心应对。因为她们知

道，只要能站起来，就还有很多机会。这是一种坚定的信念，也是一种成熟的心态。**一个女子在人生之路上行走，总会遇到挫折和失败的打击，要想多一点幸福，少一些忧虑，这种平静的心态是必须要有的**。

面对让自己觉得困难的境遇，低落的情绪和软弱的躲避是永远没有用的。如果你觉得从来没有这么糟糕过，那你就对自己说：反正不会有比这更糟的时候了。这时你就会觉得心中豁然开朗很多，你就有了坚强起来的勇气。

越诉苦越得不到同情

单纯的女人遭遇不顺时往往会选择向别人倾吐苦水，其实，这种做法对事情的解决没有任何帮助。不要总是习惯于向别人倾吐苦水，因为没有几个人愿意做盛放苦闷和抱怨的容器，也没有人能够真正走进你的心里，去切身体会你的感受。况且，即便是真正的同情，也不见得能让你的痛苦减轻多少。与其做个絮絮叨叨的“怨妇”，不如重新认识自己，或者改变自己的生活方式和态度，给自己一种全新的生活，从现在起就做个“隔离”愁苦的快乐女人。

不做怨妇

一个男人经过十年拼搏，终于获得成功。顿时身边美女如云，但男人都不为之所动。唯有一个女孩子，有着艳丽绝伦的长相和非凡的气质，爱男人但不纠缠他，不露痕迹的关切在眼眸举止间流动。男人不可救药地爱上了她。

晚上回家，面对共同生活了15年的娇颜已逝的女人，男人沉默良久，但终于还是开了口："我们，离婚吧！"

女人的心猛地一颤：这一天终于来了。她说："行啊，让我再给你泡最后一杯水吧！"

男人有慢性咽炎，喝女人用胖大海泡的药水已有15年。女人从柜中取出胖大海，给男人泡了一杯水，并且在水中搁了一大块冰糖。将水放在丈夫面前后，女人说："我把结婚照取下来吧！"

女人站在凳子上努力地踮起脚尖取下镜框，拿一块干净的绒布轻擦尘土，一遍又一遍，像在抚摸他们爱情的伤口。

男人喝了一口水。水有一股淡淡的清香和隐隐的甘甜，看着坐在床头的女人，他心头一动：她的这个动作自己多么熟悉呀！

女人给男人续满水后，平静地问："镜框是你保存，还是我保存，或者将相片从中间剪开？"

男人一言不发，只低下头喝杯中的水。胖大海和冰糖的真味都泡出来了。男人忽然明白：妻子在用这种愈喝愈浓的馨香和甜蜜挽留自己。

男人站起来，从女人手中接过镜框挂回原处，女人的眼睛湿了。

很欣赏故事中的女人，没有苦苦的挽留，没有争吵，平静中有着一种睿智，只是将自己想做的事情用心做完。当男人爱我们的时候，他是真的爱了，爱得死心塌地；**当男人说不爱我们的时候，那也是真的不爱了，或许不想多待一秒。那么我们何必还苦苦留恋一段已经失去的感情呢？如果一切真的无法挽留，放手吧，给对方自由，放自己自由。**

无论何时，更爱自己

当一个男人和你相爱的时候，彼此互相吸引，互相欣赏，同呼吸，共命运，一起欢笑，一起痛苦，彼此都为对方付出，彼此都希望对方快乐。男人并没有强迫女人去付出什么，女人所做的一切都是自愿的。

所以，当这段感情真的无法挽留的时候，就不要再计较得失，也不要向旁人诉说你有多好、他有多坏。只需说声珍重，道声再见，然后默默地走开，这样的女人才是最可爱的。日后如果还能像朋友一样相处，那就是爱的天使。

反之，哭天抹泪，苦苦相求，大吵大闹，只能让自己失去尊严。事情并不会因为你的哭泣而发生任何改变。缘分结束的时候，哭闹、抱怨、哀求都是无济于事的。

作为女人，更应该自尊、自爱，这样你才会懂得去尊重别人。只有爱自己，你才能不成为怨妇，才能让幸福和好运常伴在身边。

不仅是爱情，面对生活和工作也是一样。当你早上洗脸洗到一半时，突然停水了。那你不必像别人一样带着一天的坏心情去向别人诉苦，埋怨自来水公司是多么可恶，为何不在头一天就接一桶备用的水放在家里呢？停水的不止你一家，看看别人是怎么从容度过的吧！当别人升职加薪时，别诉苦说你干活多、资历久，却混不过一个小丫头。那是因为你忽略了工作之外的技能，当面对老板时，看看别人是怎么笑靥如花、口若悬河地展示自己的！

记得有位老师曾经说过："天下多数可怜之人，必有其可恨之处。"你内心的苦，多半是自己灌输的。

所以说，**要想做个一生都幸福的女人，就收起你喋喋不休的诉苦吧！吸取教训或者想办法解决，让自己看起来轻松、洒脱，才是你应该做的事**。

性格豪爽，但嘴巴不能豪爽

真诚直率是一种优点，这本无可厚非。但是，如果你把任何场合下的直言快语都当成优点来坚持的话，那就大错特错了。其实，任何人在内心深处，都张着自尊的网。说话太过直白的人只注重自己的一时感受，无视对方感情的动态，只是一味地发表自己的意见，一吐为快。或许你是无意的，但是很可能会弄破对方心中的那张“网”，伤害到他最柔软的地方。这样的女人自然不受欢迎。所以，无论于人于己，都应当适当收敛起你的“真诚”。

“直肠子”并不招人待见

徐诺是一家公司的中级职员，她心地好是大家公认的，可是一直升不了职，和她同年龄、同时进公司的同事不是外调独当一面，就是成了她的顶头上司。另外，别人虽然都称赞她“人好”，但她的朋友却并不多，不但下了班没有“应酬”，在公司里也常独来独往，好像不太受欢迎的样子……

其实徐诺的问题就出于她说话太直了，总是直言直语，不加任何掩饰，于是直接或间接地影响了她的人际关系。

有一次，徐诺的上司午休回来晚了，而且满脸通红，显然是刚喝了酒。上司一走进公司就直奔自己的办公室，很明显是不想让人知道自己喝了酒。但徐诺偏偏不识相地打了声招呼："经理回来啦，喝多了吧？"一语毕，整个办公室气氛异常尴尬，上司也只得苦笑着离开。

类似的事情经常在徐诺的身上发生。又一次，一位女同事带着一个很漂亮的名牌皮包来上班，同事们都争相试背。徐诺看了一眼却说："很明显是水货，也就你才看不出来是假的。"其实，大家早都知道是仿品，只是觉得没有必要说破，而徐诺却毫不掩饰地道出实情。像徐诺这样什么事情都直来直去的女人，又怎么会有好人缘呢。

言语可以是糖，客客气气的让人听了心里甜丝丝的；言语又可能变成一把刀，刺得人心里流血。说话含蓄的女孩会让人对其心生好感，而直言直语的女人则会让人厌恶反感，甚至心生报复之念。

含蓄的表达更受欢迎

女孩在与人沟通时，切忌直来直去，要注意语气含蓄。同样的内容和事实，含蓄的语言往往比直言更易于让人接受，含蓄的女孩也更受大家欢迎。

有人说话直爽是出于习惯，其实，要改掉这个习惯并不难。

首先，在打算开口之前，不妨先问问自己，你对对方是充满敌意的吗？他对你有深刻成见吗？你的直言直语是出于发泄的愉快吗？如果是，那么你就太自私了。为了不造成"众叛亲离"的后果，请收敛你的自私。同样，如果你是出于一种心境和本能，那么，可以试着养成这样一个习惯——说话之前，停顿五秒再开口。在这五秒钟的停顿里，思考一下什么话该说以及怎样说的问题。

其次，你要意识到有什么说什么可能导致的后果。一般喜欢直言直语的女孩说话时常只看到表面现象或问题，也常只考虑到自己的“不吐不快”，而不去考虑旁人的立场、观念、性格。她的话有可能是随口一说，也有可能鞭辟入里。对方明知前者是“无心”，所以就不好发作，只能闷在心里；后者则因为直指核心，让当事人不得不激活自卫系统，要么奋起反击，要么怀恨在心。所以，直言直语不论是对人或对事，都会让人受不了。这样就会使你的人际关系出现阻碍，别人就会离你远远的，免得一不小心就要承受你的打击。

最后，要分析你直言直语的原因以及带来的后果。喜欢“直言直语”的女人一般都具有“正义倾向”的性格，言语的爆发力及杀伤力也很强。所以，有时候这种人会变成别人利用的对象，鼓动你去揭发某事的不法，去攻击某人的不公。不管成效如何，这些女人总会成为牺牲品：成效好，鼓动的人坐享战果，你分享不到多少；成效不好，你必成为别人的眼中钉，成了别人的替罪羊。

认识清楚了这两点之后，大概你就不会再有什么说什么了。这样既不利己又不招人喜欢的事情何必去做？

虽说“忠言逆耳利于行”，但不是每个人都能坦然接受你的直言不讳。其实，几乎每个人都有一个内心堡垒，需要将真正的自我隐藏在里面才会觉得安全。你的直言直语恰好把这堡垒攻破了，把藏在里边的人生生地揪了出来，赤裸裸地暴露出来当然会让人觉得不爽，他怎么能对你产生好感呢？

因此，**在与人交往的过程中，要切记言多必失。尽量能不开口就不要开口；必须开口的时候一定要做到语言婉转、点到为止，才能成为一个讨人喜欢的女人。**

单纯的女人往往把情绪当成风向标

现代女性往往身兼两职，既要在家相夫教子，又要出去闯荡，在自己的工作岗位上顶“半边天”，所以她们往往也会有比男人更重的压力。其实，在拼搏的道路上，难免会碰到一些挫折和委屈，因此，对于她们来说，情绪不稳定是非常正常的事情。

我不高兴了谁都别想高兴

珠珠从小是家里人捧在手心长大的傲娇女。她喜欢逛街，喜欢名牌，喜欢买一些当季流行的衣服和鞋子，这就意味着她的衣橱会越来越“肥胖”。好多衣服好好的，也没穿过几次，就被她束之高阁了。婆婆见她衣柜都满了还不断往家带衣服，每个月都是月光族，便着急了。当珠珠又带着几个装满衣服的购物袋进门的时候，婆婆说话了。

“珠珠，你看衣柜里那么多衣服了，怎么又买呢？你们该攒点儿钱了，以后生孩子、养孩子需要钱的地方多着呢，你现在一点儿钱也积攒不下，老是买衣服，最后有急用的时候就会着急的。”

傲娇女怎么听得进去这些？“首先我花的都是我赚来的，结婚前我就这样，我妈也没管我，您何必担心呢？其次，养家养孩子是你儿子应该干的事情，你怎么不说他天天不务正业玩游戏？怎么就看我处处不顺眼呢？我哪里招您这么不待见了？我衣服多也是原来的款式，今年的新款一件没有。别人都能买，我为什么不可以？”

珠珠说完这些婆婆转身离开了，没再说什么，可是珠珠心里还不爽呢。她觉得自己的生活被别人监视，自己连买衣服都得被别人说，她很生气，跑回房间看见老公还在打游戏，她揪起老公就是一顿发火。老公莫名其妙，觉得她不可理喻，穿上衣服就约朋友打牌去了。珠珠的火更大了：你们都这么潇洒，想干什么干什么，凭什么我就得憋屈？

傲娇女脾气越来越大，在房间号啕大哭，引得左邻右舍的都过来问怎么了。婆婆赶紧把儿子召唤回来，一家子劝了半天，珠珠才平静了一些。她的一番折腾，让一家人都倍感疲惫，婆婆放话让他们出去住，她听说后又是一通折腾，原本关系很好的夫妻俩关系也越来越平淡了。

可是，情绪不稳定是客观的，表不表现出来则是一种主观性很强的举动。**一个能带给周围人幸福的女人绝对不会在对方面前表露出一点儿愤怒，哪怕是一点点的语言上的，或者是形体上的，因为她明白，只要有这一点点的愤怒，哪怕只是一丁点儿，都会破坏她的形象**。情绪不稳定是一个女人工作和生活的定时炸弹。

我们的愤怒是有理由的，却是无济于事的

也许我们心里有太多的委屈、经历了太多的挫折，甚至是受到了太大的压力，这一切都可能成为我们发怒的原因，可是发怒对于这些原因来说是无

济于事的。在你发完怒之后，你的委屈并不会因此减少，你的挫折还同样存在，甚至你的压力会越来越大……这一切的一切，并没有因为你的发怒而向好的方面转变。

明白了这一点，虽然没有对事情本身产生多大的作用，但你会明白发怒之后对于事情本身并没有任何作用，这样说不定在你下一次即将发怒的时候会因此而停下来。

成功女人的性格犹如铜钱，外圆内方，在温柔如水的外表下，跳动着一颗坚强的心。她们已没有了狂热女权主义者的幼稚，从不摆出一副百毒不侵、盛气凌人的女强人的面孔，也从不以为这样就是坚强。她们知道：刻意追求的强悍，与自己真正的内心世界反差太大，是毫无韧性的坚硬。因此，她们懂得用最温柔的行为出击，争取最合理的待遇与最合适的位置。而且，聪明的她们从不像工作狂那样抛弃男人与爱情，她们懂得用理智的心理去体会爱情的美妙滋味，但从不依赖爱情，却充分享受爱情带来的甜美；她们从不控制情感，却知道如何把它向美好的目的地引导。男人亲近她们，却从不敢轻侮她们。

我们经常在安慰别人的时候说要懂得“心平气和”，可是往往在自己发怒的时候却经常忘记这一点。“心平气和”包括“心平”和“气和”两个方面。这两个方面进行比较之后我们会发现，“心平”很多时候比“气和”要重要得多。为什么？有一句名言是这样的，“这个世界有太多的欲望，所以也就有了太多的欲望满足不了的痛苦”。

世界就是这样，存在着太多的欲望。而生活在其中的人，无时无刻不受到这些欲望的诱惑，在拼命追求这些欲望。可是我们知道，一个人的能力毕竟是有限的，用有限的能力去追求无限的欲望，这显然是一种不可能的事情。在这种不可能的前提下，很多人势必要失败。当失败的阴影遮盖你的双眼的时候，心情会变得灰暗，势必会因此而发怒。这就是发怒的整个过程。

纵观这个过程，我们发现，罪魁祸首其实就是所谓的欲望，而它的主人就是我们自己。从中我们可以得出这样一个结论：要想“心平”，首先要管好自己的欲望，不要让它到处乱跑，否则，受伤害的就是你自己。

除了“心平”，还要懂得“气和”。所谓“气和”就是你在和对方交际的时候一定要和声细语，即便此时你的心情糟糕到了极点，也要保持冷静。因为你心情不好并不是因为他人引起的，我们不能主观地把自己的情绪转嫁到别人身上。这样对别人是不公平的，对你自己来说也是一种罪过。特别是对于一个追求优雅的女性来说，要懂得掩饰自己的感情，才能做到“风不惊，浪不摇”。

有人说：“我是蜘蛛，命运就是我的网。”其实我们的生活就是一种蜘蛛的生活，自己把自己捆在某个地方，特别是当我们遇到某个生活缺憾的时候，我们总是拔不出埋在其中的腿，即便腿埋得并不是很深。

原因很简单，就是我们不懂得接受生活的缺憾。很多人都把生活的缺憾当成一种瘟疫，能躲则躲，能避则避。可实际上这种缺憾是上帝给予我们的一个礼物，只是因为这种礼物的外包装并不漂亮，所以，我们一直在遗弃它。缺憾就像一个坚果，外表坚硬，可里面却营养丰富。我们缺少的就是一副咬开坚果外壳的好牙口。

成功女性是走钢丝的高手，善于在家庭和事业之间求得平衡。眼见险象环生，忽地来个漂亮翻身，又是一副悠然美态。她们不是一成不变的角色，懂得在职业女性与贤妻良母之间进行角色的转换，什么场合什么角色，泾渭分明。

其实，细想一下，生气又如何呢？既改变不了事实，又破坏了你的形象，这种“赔了夫人又折兵”的事情，聪明人是不会去做的。**当一个女人的内心宁静如水，生活的杂乱和烦恼就不会再干扰她。一个人的愤怒是有理由的，却是无济于事的。因地制宜地去生活，对那些无法控制的事泰然处之，宁静便会降临，你就会逐渐具有宁静、高雅的魅力。**

刚入职场，用学习的心态来打杂

单纯的女人往往会找不准自己的职业方向，更不可能为将来的发展吃苦，她们这样做只能让自己不断困惑。其实，初入世者不被重视或只是分配给一些打杂跑腿的活儿，或者受人无端指责，代人受过……这些都是常有的事，在这种情况下，破罐子破摔的心态是要不得的，要学会用学习的心态来打杂。

用学习的心态来打杂

青青刚到公司时，被安排在宣传科当实习生，一位科长、两位师姐，谁都比她有经验，她成了一个打杂的。

每天早晨，她总是第一个进办公室，擦桌子、扫地、打开水。今天写黑板报，明天换橱窗，还得和办公室的员工一起买东西，当然主要是当搬运工。就连街道上借人搞普选，也让她去充数。可论待遇却数她最低，发东西都和别人不是一个级别的。这样的日子持续了两年多，青青心里有说不出的不平衡。

有一次，青青忍不住和人力资源部的大姐倒苦水，这位大姐劝她说："你别小瞧打杂，那是给你自己铺道呢，哪个杂活也不白干。"

正巧，没过一个月，公司产品要参加一个展览，总公司负责牵头，分公司各自出设计小样。老总把任务交给了他们科，两位师姐发牢骚说："咱们单位真够抠门的，花钱找广告公司设计多好。"科长没辙，就让青青试试。她硬着头皮把任务接下来，因为她太需要机会了。收集了很多资料，又到街上找灵感，从商场的橱窗到街头的广告，青青都认真观察揣摩，终于夜里加班搞出了小样。到总公司审稿，主管处长只看了一眼就"枪毙"了。她又请邻居——一个专业美工帮忙修改。再审稿的时候，处长说："大有进步，不过色彩不明快。"一连改了七稿，到第八稿总算成功了，他们的展板大获好评。

后来，青青当上了宣传策划科副科长，领导让她筹办全国年会。作为东道主，需要接待四面八方的来客，还不能赔钱。她绞尽脑汁算计，策划方案一次通过，会议很圆满，还赚了点儿钱。此时她才明白，自己这身八面玲珑应付杂事的"功夫"，有些就是当初"打杂"练出来的。

单纯的女性从校园里的泡沫梦想中走出来，总是会对自己抱着很大的期望，认为自己应该受到重视，并且得到丰厚的报酬。然而总是事与愿违，几乎每个职场新人都要经历被忽视——得不到认同——重用这样一个过程。

既然这样的过程不可避免，对于职场新人来说，调整心态就显得特别重要。青青的例子告诉我们，**即使是日常琐碎、简单的工作也不要轻视，一点一点的努力和坚持加起来，才会达到"厚积薄发"的力道**。当面临不受重视，无法施展才能的局面时，就要学会适应和坚持。全力以赴将手边的事情做好，为事业的发展奠定坚实的基础。

调整心态，快速成长

我们被成长的烦恼困扰时不要气馁，或者抱怨，最该采取的方法是找到适合自己生长的阳光和土壤，让自己冲破黑暗，迅速成长。

喜欢你的工作

不管工作如何，喜欢或者不喜欢，干好或者不干好，都是我们主观的能动选择。如果选择了一份工作，那就让自己喜欢上它，并且全力以赴地干好它，这是一切事业的开始。

适应你所在的环境，并融入进去

除非你是在家工作的自由职业者，否则就不可避免地要接触办公室的人际关系。搞好这层关系是我们能够顺利开展工作的重要一环。我们不但要坚守自己的岗位，更要互助合作、互补长短，利用女性特有的亲和力去感染别人，那么温馨的人际关系就形成了。

但需要注意的是，不要一味地搞人际关系，过分在意和协调或顺应环境，这样容易让你失去主见，成为毫无主张的墙头草。要记住：什么事都不会做，只会八面玲珑长袖善舞，到头来还是一事无成。

最想放弃时，恰恰最不能放弃

女人在这一时期最容易起的念头，就是放弃；最容易做到的，当然也是放弃。

正所谓“守得云开见月明”，真正的成功者，他们总是会“守”，总是勇于对放弃说“不”。因为他们相信“成功就在下一次”，相信人生是一个个需要跳过的“坎”，闯过去了，就意味着你上了一个台阶，闯不过去，就意味着成长的失败。

初入职场的时期正是你成长的关键期，往往是紧张和痛苦汇集到一起的时刻，你需要承受的痛苦必定要比平时多。这是好事不是坏事，挨过了这个时期，那就意味着你真正地蜕变了，这样的你才可能有所成就。

别欣赏那个坑

沈从文曾给大画家黄永玉几条人生忠告，第一条就是摔倒了赶快爬起来，不要欣赏你砸的那个坑。

人有可能在不经意中摔跤，也有可能遭受意料不到的损失。为何要赶紧往前走呢？因为既然已经摔倒，记住这次疼痛的教训就行了，再继续欣赏这个坑，顾影自怜，自怨自艾，不仅于事无补，还把心情搞坏了。在这样的情绪下做事，注意力不集中，摔跟头的机率会更大，以至于耽误以后的路程。

生气不如争气

在我们没有成功前，常常会遭遇一系列的不公平对待，这会使得我们既伤心又气愤。但是，不管是伤心或是愤怒都无法改变我们的处境。真正的做法，是坚强自立，用实际行动来证明自己的不可轻视。

作为职场新人的女性来说，要想有立足之地，就要锻炼自己自强不息的意志。在这自强不息里面包含着适应、坚持、创新和付出。安静地适应，顽强地坚持，积极地创新，无悔地付出。当你做到这些的时候，也就是你冲破束缚，自由成长的时候。

在家庭中不要争强好胜

家事一般都是比较小的事情，而矛盾往往隐藏在这些比较小的事情中。大事上大家往往还能保持团结，在小事上却经常斤斤计较，互相伤害。而家事又是不可避免的。事实上，家事也往往会影响我们的工作，所以，要想在事业上获得长足发展，首先就需要我们把家事处理好。

处理好小家事是需要我们有大胸襟的，这需要我们有容人的气量和肚量。大胸襟能让家人生活在平和的环境中，能让每个人都保持良好的生活态度，而和谐的家庭关系，也会对我们的事业发展有所助益。

不必知道的事情无须刨根问底

“你今天都做什么了？有谁给你打过电话啊？是男的还是女的……”人刚进屋，各种问题接踵而来，这多少有点儿让人厌倦。很多的家庭成员都有这样的习惯，总想知道对方在工作中、生活中的各种情况，而且事无巨细，什么都要打听。生怕对方有什么事情隐瞒自己，这种问题问多了，对方肯定会产生对抗心理，而且有的问题甚至会伤了家中的和气，比如，有的妻子下班回家，先问孩子“今天你奶奶在家干什么了，说什么了”等。如果问到有关情况后，则乱加联想，甚至猜疑，这样矛盾也就产生了，其实有些问题你根本就可以忽略不问的。

话到嘴边想一想。有的人心直口快，想什么说什么，而且自己还有道理：都是一家人，哪有那么多计较？其实一家人并不是对所有的话都不在意。相反，**正因为是一家人，才对其所说的话特别在意**。你可能也有这样的体会，当你和别人争吵几句的时候，你可能很快就把这事忘了，但如果和你争吵的是家人，你可能很长时间都对他所说的话耿耿于怀。所以，对待家人更应该注意自己的言行，想一想再说，一定要更理智也要更缓和，这对家庭的和谐可是很有好处的。

不要做你本不该做的事情

很多家长都有这样的习惯：非常爱孩子，什么事情都要自己做，甚至不放心孩子做的一切。例如，有的儿女已有独立生活的能力，但仍然不爱做家务，做老人的非但不教育，反而替子女打理一切。而孩子一旦做点事儿，就挑剔这也做不好，那也做不对，这样只能造成孩子的懒惰，或逃避做家务。

有些事情不该管就不要管。家人刚一到家，立刻拿出手机，翻查来电和信息，或者翻看对方的钱包、笔记本等，这样的行为很不好。虽然是一家人，但刻意地去管一些事情就显得小气。家人之间应该有最起码的相互信任。还有的家长对孩子交朋友、做事也是不分青红皂白横加干涉。这种种行为的出发点，可能都是关心对方，但是过分的关心也会费力不讨好，你又何苦让自己累心，还让别人不高兴呢？

大胸襟不但可以促进家庭的温馨，而且也是个人的一种修养。

一个家庭里如果没有这样的人，那么这个家就可能少有宁日；而多了这样的人，都宽宏待人，都有气度去包容他人，那么这个家庭无疑有着无限的温暖。

高调做事，低调做人

“高调做事，低调做人。”这是很多人信奉的格言，但这句话真正的含义与做法，却有很多人始终无法理解透彻。

许多人做到了认真做事，却做不到低调做人

何谓低调做人，高调做事？

低调做人是指做人处世要低调，做人不能太浮夸，虽然有实力却不过度夸耀。而高调做事，则是指能够以高标准来要求自己，一件简单的事情也要力求做到最好，是一种精益求精的品格。

很多时候，许多人都做到了认真做事，却做不到低调做人。有些人热衷张扬，因为深谙“处世”之道，认为如果做了一件事情不宣扬出去，得到了一些成绩却不以功自居，很容易就让别人占了鳌头，吃了闷亏。如此虽对，却殊不知有时若把握不好度，很容易就起到反效果，让自己陷入泥潭之中。

有句话是这样说的：在做事上要于过程中提高自己的素质与能力，但在

做人上千万不能恃才傲物。

有时候，懂得谦逊的人才是最会积蓄力量的人，厚积薄发才能一鸣惊人。如果过早地卖弄张扬，很容易变成别人的靶子，被明枪暗箭所伤。

小吴是围棋爱好者，平常也爱书法和品茶。这三样兴趣爱好，巧合地与他们科室的领导全重合了。于是他们处长最爱找她喝茶，今天又是一个喝茶日。

“小吴啊，你是我在科室里最看好的人，虽然是个小女孩，却懂事又知礼数。”

过几天小吴就要去省级的部门报到了，科室领导看她的目光都柔和许多。

俩人喝在兴头上，小吴第一次朝领导发出了邀请：“处长，今后咱俩对弈的机会寥寥无几，今天我能和您再下两局吗？”

棋局就这么布开了，从前都是小吴输，到了后来，处长发现要赢小吴也没那么容易了，所以和小吴下棋也就这么吊起了他的胃口，直到后来他不和小吴下棋就觉得无趣。就因为这样，两人才发展出了私下良好的关系，小吴这一次能够去省里的部门，就有他引荐的功劳。

但今天这棋局显然没往常那么容易，处长下着下着忽然满头大汗，他忽然发现看不懂小吴下棋的套路了。这时候小吴开了口：“处长，要不然我再让你两个子？”

处长的脸有点儿黑：“你这小姑娘，看不起我了？今儿个怎么这么狂？”

“嘿嘿，这不是我要走了嘛，舍不得您。”

处长第一次发现小吴不再是沉默低调的模样，她下棋时自在的样子，哪还是往常满盘皆输的她？

这一次，小吴竟然在让了他两个棋子的情况下还赢了他，处长脸上有些挂不住了。

“小吴啊，我一直没发现你性子这么要强，你到了新单位之后一定要注意谦虚和谨慎啊，年轻人嘛。”似是在意指今天被赢棋的事情。

小吴笑了笑：“多谢处长叔叔，这个我知道的。”

小吴看了看棋盘，处长想到了过往，忽然若有所思起来……

避免太张扬，不断积累经验与能力才能成功

人生如棋，需要沉稳地一步步去下，只有脚踏实地，养精蓄锐，才能得到最好的结局。就像雍正，这位史上颇有争议的帝王。他与八阿哥一同争夺皇位，经历了九子夺嫡的斗争，成为最终的获胜者。作为一个继位者，他能笑到最后势必有自己的优势所在。

历史上雍正是一位十分能够隐忍与内敛的人，争夺皇位的初期他避而不争，到了最后经过多年的养精蓄锐，已基本壮大了实力。康熙帝去世时，他已控制住了全部的局面。

孔雀开屏的确很漂亮，能够吸引所有人的目光，但在生活中也像只孔雀般，无论到哪儿都希望成为众人焦点，最终拖累的只能是自己。

在生活中、工作中，我们要避免给别人造成太张扬的印象，只有不断积累经验与能力，脚踏实地，才能最终成功。否则，过分彰显自己，就会遭受更多的打击，暴露在风雨中的果子，自然最先腐烂。

学会内敛和隐藏，寻求最好的发展

热衷张扬，只能是昙花一现，只有学会内敛和隐藏，才能在最好的时机，为自己寻求到最好的发展。小吴是这样做的，而雍正也是。我们要勇于在生活中承认自己的不足，遇到不会的要坦率地向人请教，放低做人的姿态，提升做事的成效。

要学会低调做人，高调做事。做人不要过分张扬，要与周围的人保持协调，狂妄易败，只有谦虚才能够源远流长。

在人际交往上也是这样，我们不需要朋友仰望自己，只有平易近人，才能拥有一份好人缘，给人尊重与发展的空间和余地，才能够最终达到共赢。这是一种人性的修养，也是心怀众生的情怀，是一个成功人士所应具备的心态。

切记：以退为进，以低就高；深藏不露，外抑内扬；持盈若亏，不骄不狂。

第六章

·给自己上一点儿『色彩』，保护色，稳重色，事业色·

别让别人把自己一眼看透

无论是在职场中还是在现实生活中，都有这样一句话："性格决定命运，心态决定成败。"做人做事，良好的心态非常重要。身处职场，更像是身处一场没有硝烟的战场中。工作量大，工作压力大,保持良好心态变得尤为重要。如果不能保持一个平常的心态，由着性子做事，那么就会很容易地被自身情绪所主导，而后做出一些失去理智，非主观意愿要做的事。

毫无遮拦的人，容易惹事，也容易沾上麻烦

没有经过理智的决定即是冲动，一个冲动毫无遮拦的人，一定容易犯事，也容易招惹上不必要的麻烦。平白无故让自己招惹上小人，也为自己日后做事添加了阻力。

一个容易被人看透的人，也容易被他人掌握自己做人做事的方法，一览无遗之后对方可以"下套"，也可以用激将法，或者是一些看似善意的苦口

婆心的劝阻，让我们所做的事朝着他们想要的方向发展，可有时候这些“改变”并非有利于我们。当我们身上出现这种状况，我们常莫名地失去一些东西。那么，在这个没有硝烟的战场中，等待我们的注定是失败。

在工作中，有一种忌讳，叫作“别让别人把自己一眼看透”。

刘茹是刚到新公司的小上司，其貌不扬，二十五六岁的样子，圆脸大眼睛最引人注意。这个看起来像大学生模样的女孩，竟然能空降当主任！部门里的人连饭都吃不下了，大家七嘴八舌开了个讨论会。

在第一个月里，刘茹四处闲逛，一会儿到业务部闲聊几分钟，一会儿又去市场部说上几句。但等到大家开会的时候，她就不说话了。大家私底下都讨论，这位新上司是来吃闲饭的吧？

她没事儿就到财务部问公司制度，过了一阵子，又去办公室了解情况。

到了第二个月时，大家在会议上让她开口发言，她又借口推辞：“我才刚来，还在了解情况和学习中，再过一阵子我再发言吧，嘿嘿……”

大家都觉得这年轻的上司琢磨不透。原本部门里最尖锐的陈蒙蒙这回不敢轻举妄动了，一个摸不着底的上司，还是不要招惹得好。而对于空降上司这事本来就不满的李成越来越憋不住了，开始试探刘茹的底线。可是刘茹只是笑了笑，根本没做出过激回应。李成失败了。

就在大家惶惶不安的时候，刘茹开始有了动作。她在入职第三个月的时候于会议上拿出一个方案。大家都张着嘴，合不上了。

刘茹的行为简直就是“不鸣而已，一鸣惊人”，几个月过去，她对部门里每一个人都了如指掌了，这回不但成功地得到了上头领导的肯定，还把他们这些手下牢牢握在手中。

刘茹的方案实行了，十分成功，部门里的人见识了刘茹的手段后，不少人开始回想起自己刚工作的那一阵子，脸上时时表露着情绪，也容易被工作上的人和事所影响。

沉得下来的心思，拿得出手的智慧

如果自己是刘茹会怎么样？能力被质疑，肯定会自乱阵脚。在没搞清公司情况时瞎出手，最后管理成效肯定收效甚微。

或者，在面对资深老职工李成的挑衅时，不知哪时就忍无可忍，针锋相对斗起来了。

大多数人都会这样做，刘茹却没有，不管什么时候她似乎都是不急不忙的。先把自己的事情做好，知道自己要什么，想做什么。

她的心里有一个答案，旁人却永远看不出她想做什么。

后来，领导开了一个公司成立以来最盛大的庆功晚宴，在大家认为刘茹拿下大奖，即将不可一世回头与大家算账的时候，她又做了一件惊人的事情，她把大家感谢了个遍："我能有今天的成绩，是大家给予的，如果没有大家第一个月的帮助和第二个月的一同努力，哪有我们部门的今天？所以今天这餐我用大奖的奖金请了。"

同事们震惊的时候，都为刘茹的气度折服，开始心服口服起来。人与人之间的距离一下就拉近了。

就连刘茹的顶头上司都这样赞赏道："虽说她进公司的时候其貌不扬，但现在才知道真有两把刷子，沉得下来的心思，拿得出手的智慧，还有现在的亲和力，需要我学习。"

现在同事们看刘茹还是云里雾里的，但对于她的能力，大家都十分肯定。

任何职场高手，都是不动声色的

任何职场高手，都是做事不动声色，表面看上去深不见底的。

刚进入社会或到一个新环境，面对一群不熟悉的人，在搞清楚状况之前，最好不要把自己无私地“奉献”出去。虽不刻意标榜生活险恶，但前路未知，世上好人很多，可包藏祸心的人也不少。大家同在一个圈子里，势必有着相应的竞争，有利益关系就会有斗争。

若是要坦白待人，也要搞清楚情况，再和盘托出。

如果在没有完全准备之前，就贸然把自己交代出去，其实是一种对自己不负责任的做法。

切记“水至清则无鱼”，别让人把自己一眼看透，给自己增加一些“神秘”的色彩很重要，这样既能够保护我们，也能让自己更好地认识周遭的一切。

如此，何乐而不为呢？

职场中要懂得露拙与内敛

“露拙”和“内敛”是两种相得益彰的人生态度。

露拙倡导一种藏锋式的为人处世方式，老子曾说过：“唯其不争，故天下莫能与之争。”聪明的人往往懂得如何在最恰当的时候示弱隐强。纵观世界历史，那些能够成就伟大事业的人，没有一个不是深谙做人之道的。人，只有知道何时进，何时退，才能不被社会淘汰。

俗话说“树大招风，枪打出头鸟”，这是在讲露才要适时，要适当。太过展露锋芒，就会刺伤别人，最终刺伤自己。

收敛，是为了更好地实现人生价值

我们一旦在生活中得罪了人，走向成功的阻力就大了。

齐明慧是这家百货商场刚来的营业员，人不但长得很漂亮，还特别会说话。百货商场最需要的就是亲和力和沟通能力，她对顾客十分热情，又会做事，所以自从她进商场上班以后，每天的营业额都是公司里最高的。这样一来，公司里同行的姐妹们就非常不高兴了。

最近一阵子，齐明慧明显可以感受到大家对她的疏远，还有互相交谈中那些怎么也掩藏不住的讥讽味。这些情况对于她来说，十分苦恼。

如果再这样下去，她在公司中的人缘会越来越不好，长此以往她会孤军奋战，在公司里做事就会变得更困难，而且迟早上司也会发现，难免会对她产生一些不好的看法。

齐明慧知道自己工作能力强，如果没有意外的话，再保持几个月的销售额第一，她就会升经理，但现在同事们都针对自己……

齐明慧认真地审视了一下自己，明白到：有时候收敛一下自己，露个拙给同事们看，是一种自我保护的折中之法，也是一种能更好地实现自己人生价值的生存之道。

为此，齐明慧照样像往常一样工作，就好像没看到大家对她的敌意似的。

七八月份是这座城市的雨季，这天下班后就下起了大雨，这雨比往常的哪一天都要大。同事们都聚在一起叽叽喳喳地谈天说地，只有齐明慧一个人孤零零地站在一边，大家都心有默契地冷落着她。突然，大家看见灰蒙蒙的雨里来了一个人，和正常人不同的是雨里的那个人好像矮了半截。同事们再仔细一看，那人撑着一把伞，却是坐着轮椅。

就在大家议论纷纷的时候，看到那个中年男人朝着大家憨厚一笑，直直将轮椅朝着齐明慧摇去，齐明慧笑着亲切地跑过去，两个人撑着伞消失在磅礴大雨中。

从这以后，大家对齐明慧的态度忽然就不一样了，原来齐明慧虽然厉害，但也不是那么高高在上，不可一世。她的锋锐与厉害，都变成了坚强和不服输。

现在，大家都不和她对着干了，反而真心实意地去欣赏她性格上的优点。她对顾客认真负责，她做事干脆利落，不拖泥带水。

最后，齐明慧反而比自己预料得还要早地被提了经理一职。

太过于争强好胜，容易招人反感

所谓做人做事的智慧，就是让自己能在陷入困境时，快速地走出困境。有时候太过于争强好胜，唯恐天下不知地展露才华，容易招人反感。**适当地放低自己的姿态，或是把自己一些无伤大雅的缺点暴露出来，才能让自己更好地融入所在的环境，更容易得到大家的认可**。

这样，才能让自己走得更顺风顺水。

追求卓越是一种积极的人生态度，但如果一味孤芳自赏，无视周围的人和事，就会显得格格不入，招人厌恶。

有的人刚进社会，就喜欢表现自己。急于在领导面前展现自己的能力，却忘了周围还有其他同事，忽略了其他人的感受。

有时，原本领导是在夸另一个同事，你却急着在一旁插话："罗总，我觉得翻译这事我也能做得很好，我可是拿了六级证书的。"

言下之意别人不如你，你忽略了一旁同事的感受。

真正聪明的人，善于把握做人做事的尺度

人们常说："人难做，难做人。"如何做一个人人喜欢的人是一门艺术。要知道，人和人之间的交往有真实坦然的一面，也有虚情假意的一面，如何做一个真正明智的人，只能尽量学会这门艺术。学会露拙，必要的时候还应当学会"忍"与"让"。

适当与适时的内敛、露拙，才会让我们勇往直前，一路走得更好。

通过这种智慧的方式，尽量做到在生活中、职场上少惹是非，为自己的

才华提供更好的平台和宽松的成长环境，这样才能使自己的才华和特长在必要的时候，得到更好地发挥。

俗话说“花要半开，酒要半醉”，开得太全的花容易衰败，喝得太醉也容易没了清醒，失了分寸。所谓真正聪明的人生，就是善于把握这个尺度。

切忌太过得意自满，要谦逊做人，如此方能长久。

学会有所保留，不要锋芒毕露

别害怕自己是职场最愚笨的人，宁愿稍微“笨”一点儿，也别做自作聪明的人。

在生活和工作中，有些女人十分没有自信，就怕自己是别人眼中最笨的那一位，所以一找到机会就拼命表现自己。她们疏忽了场合，也忘了生活中为人处世的大忌，太“毫无保留”，太“出风头”，所以很容易招来祸事。

事实上，现实生活中混得最差的，常常不是最笨的那些人，而往往是那些自以为很聪明的人。有一句话是这样说的，“每个人都应当对自己的IQ做一个评估，得出的结果除去一半，再除去一半，这才等于最终的结果”。

太过于招摇是一种很危险的状态

在职场中表现中庸的人虽然不容易叱咤风云，升到权位的最高峰，却可以在这个战场中找到属于自己的位置。安身立命没问题，不容易招惹太大的祸事，反而还能找到好的时机循序渐进地升职。再不济，成了周边人的“好大姐”，也不容易被冠上“狐狸精”的名号。

此时，**再回过头来看看自作聪明的人，往往会引发身边人的反感。太过于招摇是一种很危险的状态。**

佳佳今年三十出头，女儿三岁后就送进了幼儿园，她也得以有机会再重返职场。在投了将近一千份简历后，她终于找到自己满意的工作，进了一家广告传播公司，成为一名市场策划专员。因为她有相关职业的经验，所以一开始接手新工作就打响了一场完美的战役。

由她策划的一个方案被客户一眼相中，不仅如此，她所策划出来的市场开拓策划案还成功地替该客户扩宽了市场，得到极大的好评。按理说这是好事儿，佳佳正在为自己的首战告捷而扬扬自得，可怕的是这时职场暴风雨却忽然朝她袭来。

因为佳佳一入职就锋芒太过，霎时被另一位同事小珊嫉恨在心里，小珊认为佳佳“抢风头”而将她列为打压的对象。就在几天后的一个大客户交流见面会上，小珊把佳佳的新方案里的所有错别字与病句用红笔一个个画出来，并且当着客户的面毫不留情地全部指出：“作为我们公司的一员，你罔顾公司的信誉和公司在业内的地位，把这么差劲、具有明显硬伤的策划方案送到交流会上来。

“你应该明白，公司员工所策划的每一个方案，都代表我们公司的业务水平。每一个错别字都会影响到客户对我们公司的看法，甚至影响到最后合作的结果。作为一个优秀的策划人员，这是一种不负责任的表现。”

佳佳低下头，有嘴也说不清。其实这只是一份给公司内部人员交流用的初稿，还会再改的。但不管理由如何，拿一份初稿来交流本来就是不尊重他人的表现。

下班的时候，佳佳被监理请进了办公室，办公桌上放着那份画着红线的策划方案。监理说："佳佳你的方案不错，可见你上班这一阵子很努力，但就是……"监理的批评并没有完全说出来，但已经让佳佳心灰意冷了。

做人太张扬，容易树敌陷僵局

佳佳回到家愁眉苦脸，丈夫送来一杯水，佳佳心情低落地将今日发生的事情说了出来。

丈夫笑了笑，说道："之前重返职场的时候，我让你注意一点你不听，现在惹了麻烦吧？"打趣完了，丈夫才对佳佳认真地说："老早就提醒过你，现在的职场到处有暗人盯桩，你高调做事可以，但要低调做人。我觉得小珊没大错，你要知道在你来公司之前，她是首席策划员，你至少要给她三分面子，如何和别人相处是一门学问。

"你才刚来，就那么抢风头，别人对你有不好的看法是很自然的，作为新人员，你要学会把姿态放低一些，虚心求教有什么不好？"

佳佳对此观点很赞同，她确实是做事太毫无保留了，一点余地都不留给别人。这一次的错误对她产生了很大的影响，也得到了不少的新感悟。

低调小妙招，巧妙调节人际关系

佳佳决定用一个巧妙的办法，化解之前的错误。首先，她和丈夫商量："我能不能用这次的奖金活络一下人际关系？"

得到丈夫的支持后，佳佳去找了监理："监理，我觉得上头奖励我的钱，同事们有不少功劳，我希望拿出一半宴请同事们。但……能不能请监理出面组织，最后再说是我宴请，我希望能够拉近和同事们的关系，也希望借此机会和小珊和好。”

监理对佳佳竖起大拇指。

毋庸置疑，这次活动办得很成功，大家都玩得很开心。最后揭露是佳佳宴请的时候，小珊脸上明显闪过一丝惭愧。

之后，小珊与佳佳的关系就变好了。小珊说：“我很少见到像佳佳姐这样的人，能够大方地接受别人的批评，之前觉得她太张扬了，现在才发现佳佳姐很平易近人，那件事我也有错。”

在生活中，很多女人都才华横溢，但是有时做人做事太过于嚣张，例如有人犯错时，她立即指出来，用以彰显自己的聪明。有时则是咄咄逼人，太过于强硬，让人受不了。更多时候，她们随心反驳别人，也不管别人是否能够接受。

其实真正的大智慧是不显山不露水，只有满脑子皆是小聪明的那种人，才会飞扬跋扈、肆无忌惮地卖弄。

真正聪明的女人，往往会把自己的聪明藏起来。

除了要藏锋，我们还要学会宽容。有时候，宽容是比藏锋更值得学习的智慧。

小心藏好自己的弱点，别让自己受伤

每个人都有其弱点，这在所难免。弱点是我们最薄弱的壁垒，所以，我们必须小心地把弱点藏好，因为一旦被敌人发现并攻破，我们必将遭受损害。

最可怕的就是让敌人知道了我们的弱点

最近在朋友圈听到一件事：小落是一个特别喜欢玩游戏的女孩子，她最近在玩一款叫剑三的游戏，古香古色的画面，绘就了一个满是江湖情仇的世界。在这款游戏里，人们可以拜师学艺、结婚生子。

小落近日在游戏里结交了一个徒弟。徒弟是新人，常常夸小落漂亮能干，小落一听就容易忘乎所以。这日徒弟问小落："师傅，你有没有对什么东西过敏啊？"

因为觉得对方是熟悉的人，小落也没有深思熟虑，就直接将自己的秘密说了出来："我对猕猴桃过敏，自己也不知道怎么一回事，一碰到就浑身痒。”

过了一阵子，正值小落的生日，徒弟不远万里给小落寄来了一套昂贵的化妆品。这可把小落乐坏了，东西一到手中，小落就用了起来。可是万万没想到，看似很好的化妆品，却让小落脸上起了疹子，满脸瘙痒不断，甚至险些毁容。

小落后来才知道，这瓶化妆品里掺杂了猕猴桃汁。就在小落气恼地对徒弟进行讨伐的时候，徒弟现身说道：“被发现了吗？那我就不装了，其实我一直搞不懂你为什么一直那么幸运，我就是想让你一直太平顺畅的人生多一些坎坷，让你经历更多，你该感谢我才对吧？”

小落突然遭此横祸，太过于随意相信人是错因；而太轻易便把自己的弱点透露给别人，则是更大的错误。

弱点是我们人生中薄弱的环节，它是我们身上最易突破的壁垒，当敌人击破这一壁垒，就会对我们造成伤害。我们把弱点展现给对方，其实也是给了别人伤害我们的机会。

我们的弱点可以对我们产生极大的影响，它随时可以让我们致命，将一把能够伤害我们的利剑交到对方的手里，是一种很危险的行为。

不管是在生活中还是在工作中，黎丽良都算是比较谨慎的人，她知道人与人之间多少都会存在隔阂，最好保持一定的距离。于是对于黎丽良来说，她永远不会坦然地把自己的秘密告诉给对方，晓丽是个意外。

黎丽良一直将晓丽当作妹妹，两个人相遇在一个人才市场，初见的时候晓丽帮了黎丽良一个忙，就此结下了这个缘分。晓丽知道黎丽良这个人比较重情，所以从见面第一天起就对黎丽良真心相待。黎丽良自然也回报她真诚，她想：难得在陌生的城市有个好妹妹。

黎丽良在喝醉的时候，也曾明白地和晓丽说过：“晓丽啊，我这个人没什么毛病，就是太重情，你别看我什么都不说，但我一旦认定了你，我什么都愿意为你做。”

那时晓丽只是安慰她：“我的好姐姐，别想那么多，我永远对你好。”

后来黎丽良都不曾戒备过晓丽，一直到黎丽良所任职的公司出现了问题。原本周三要竞标的方案，竟然被泄露到对手的手中。与此同时，她房里的存款也不见了。

黎丽良这才开始怀疑晓丽，晓丽却不知所踪了。

把我们的弱点藏好，防人之心不可无

失去一个“好姐妹”的黎丽良心情很复杂，被欺骗了的她头昏脑胀，根本无法挽救工作上的措施。

后来才知道，晓丽是对方公司派来故意接近她的，因为摸熟了她性格中的弱点，特意选在这种特殊时期给她一连串的打击，使她连处理危机的心情都没有，黎丽良因此输了这一战役，晓丽则事后才出现。

无论是什么样的斗争，究根探底都算是人与人之间的博弈，若是对手想要对付你，而你恰好又很强大，那么想要战胜你，首先就会从你的弱点入手。

谁都有弱点，这是无可争辩的事实，所以怎样将我们的弱点藏好，或不要这么容易就被他人发现我们的弱点，就变得很重要。

不管是小落，还是黎丽良，都是太疏于保护自己的弱点了。**知人知面不知心，你又怎知对方一定是真心待你？没有害人之心，但防人之心不可无，日常生活中，我们也没有将自己的弱点袒露在阳光之下的必要。**

保护好自己很重要，不要让自己徒添烦恼。

为了不让自己跌倒在弱点上，最好的办法就是消灭弱点

如今人际交往中有一种很普遍的博弈，就是藏好自己的弱点，发现别人的弱点。一个弱点越少的人，受伤害的可能性就越低，那么他们便越能自如地应对生活，这是一种必修的生存能力与处世手段。

“弱点”有时也是我们自身的缺点，发现缺点就要及时改正，这也是从小到大我们都懂得的道理。

有时，真正获得胜利的胜者并没有太多的技巧，他们只不过是把该做到的事情做到了而已。**为了不让我们受一些没必要的伤害，在生活中我们应当更注意保护自己，千万要保护好自己的“弱点”。为了不让自己跌倒在弱点上，最好的办法就是做到没有弱点，如若发现了可以改善弱点的办法，那么就要及时改正，如果改善不了，那我们就将它悉心保护好，这样我们才能走得更远。**

我们没有理由拒绝自己变得更优秀，改变就从现在开始。

要有良好的人际关系，不要给自己树敌

在我们的生活中，常常会交到不少朋友，有相见恨晚的，也有和我们不太投缘的。

俗话说多个朋友多条道，多个敌人多堵墙，一个好的朋友能在我们困难时给予帮助，而一个敌人则能让我们在风光得意时跌入谷底。

交到真心相待的好朋友很重要，但如若不能交到好朋友，我们至少要做到不处处树敌。

多个朋友多条道，多个敌人多堵墙

兰馨是一个半旧不新的职场新人，对于新人而言，刚到一个新的单位，最应该做的事情就是熟悉自己手头上的业务，顺便与同事搞好关系，而兰馨却是一个例外。她一直觉得“人不害我，天诛地灭”，觉得在生活里防人之心不可无，所以一旦有人和她说话，她就会层层思量：“他是不是要害我？”人家来找她一起吃个工作餐，她都认为对方有所图谋。

有一个单位举办一个绘画作品展，当看到一个新同事与老同事一起合作获奖时，她立刻跑过去嘲讽新同事道：“你真是有‘远见’哎，紧紧抱住某某的腿不放，沾了人家的光才能获奖，真是不知羞耻。”一来二去，从此以后大家一见到兰馨就跑，兰馨也成了单位里的边缘人。有什么聚会大家都不愿意叫她，她遇到麻烦别人也不愿意帮她，因此她的业绩渐渐成了最落后的，结果年度考核的时候，她被辞退了。

其实，在生活中像兰馨这样的人不少，具体表现各种各样，有逢人好她便不开心的，看到别人买个新的包包便妒忌人家，四处宣扬人家做了什么见不得人的事情，才换来了这么一个昂贵的包包。或者见到新来的同事有可能威胁到自己的地位，无事就给对方下绊子，挑拨对方与领导的关系。

她们并不以德为美，反而时时觉得谁都不好，谁都是自己的敌人。

或是做事情随心随意，损人不利己，凡是让自己不高兴了，也非要让对方不高兴，从来不把树敌当作一回事，生怕别人眼中没有自己，非要将自己的人际关系搅得一团糟才行。

不良的人际关系，让我们成为众矢之的

其实，兰馨被辞退很大一部分原因是不良的人际关系，差劲的人际关系让她陷入一种恶性循环中，有好事大家都不愿想到她，有坏事大家都自然而然地联想到她。她遇到困难，也没有人愿意伸出援手，这种时候兰馨就只能孤军奋战，自生自灭。

归根结底，兰馨如此不受欢迎都是因为她的敌对心理而引起的。试问谁会喜欢一个火药桶呢？

人与人之间常常从一个微笑开始，一个善举开始。

我们都应该明白：“以铜为镜，可以正衣冠；以古为镜，可以知兴衰；

以人为镜，可以明得失。”生活中遇到的每一个人，都应当成为我们的一面镜子。当看到别人不好的地方，我们要避免自己也成为那样的人。而在人际交往中，我们也要坚信，如果我们报之以微笑，别人也会相应地赠予我们微笑。相同的，若我们用一种敌对的心态面对对方，那么对方自然也会将我们列为敌人。

为人处世是一门大学问，千万别让我们自己成为众矢之的，朋友不是我们的敌人，世上也没有天生的敌人。宽容地对待他人，是一种量高的品质。不为自己树敌，有时也是给自己留条后路。

争取做到不谤他人，诚善交友

记得曾看到一篇文章，里头有一句话令我颇有认同感：“许多人将‘不要随意把同事当朋友’当作职场应恪守的信条，却忽略了‘不要将同事当做敌人’这一条同样重要的为人法则。”

兰馨随意树敌，令自己陷入如此沮丧的境地，若想走出困境，她必须开始重新审视自己，宽容友善地待人，在细节上留意，不给人难堪，常常替他人行方便。改善人际关系的方法有很多种，因情况而异，对症下药。

用欣赏的眼光去发现身边人的优点，我们将会感觉一切更美好。

若是已经得罪了别人，那么我们可以勇敢地上前致歉，争取冰释前嫌。

若是再遇到争吵之事，切记不必非赢不可，争吵中占尽上风是件无意义的事，倒不如和气生财来得贵重。

争取做到不谤他人，诚善交友。尽量在日常生活中树立起自己良好的形象。

得意时，千万不要跑得太快

很多人一旦在事业上获得一点点成就，就容易忘乎所以，忘了自己是谁。

人要懂得分寸，要懂得慢慢修养、进步，才能获得长期发展。

别有点儿建树便忘乎所以，忘了自己是谁

有一位男性朋友，他工作能力不高，为人处世也并不老道圆滑，但早些年走了好运，在我们仍默默无闻的时候，他已事业有成。他当时进入一家稍大的公司，恰好与公司的老板有私人交情。

老板看在旧情的分上，给予了他很多机会，他因为身后有助力，所以一帆风顺地被提拔到中国区域总经理的位置。按理说，在能力不足的前提下，坐到这个位置，就应该好好珍惜，努力锻炼自己、提升自己，让自己尽快做出成绩来，巩固好目前的一切。可他却不这样做，他得意于自己目前的一切，内心飘飘然，他还想得到更多。

于是，他在坐上区域总经理的位置后，对外追求名利，对内把心思放在利益争夺上，在公司决策上却连连失误，导致公司损失不少，终于没几年，被人赶下了这个位置。

一直到失业，他还在耿耿于怀，自己本可以获得更高的地位，都是造化弄人，他不甘于这个结局，闷闷不乐，还差点儿患了抑郁症。

墙倒众人推，得意时不要跑得太快

得意时，千万不要跑得太快。

聪明的人往往知道在什么时候出手，也知道在什么时候收手，他们知道自己在什么时间段该做什么事情。人生在世，最需要的是自知之明。

我们在生活中，也经常会遇到这种情形，努力工作得到了上司的夸奖，得到了公司的礼遇，这种时候觉得自己是个“人物”了，于是在做人做事上不小心就忘乎所以了，忘了自己几斤几两，也停止了努力。有时仗着自己是前辈，也敢欺负其他人了，不把别人当回事，也是常事。

俗话说“墙倒众人推”，万万不可太嘚瑟，太狂傲惹了众怒，若是他日我们遇到困难之事，就是我们失败之时。

学习很重要，只有稳步前进才能永葆成功

在美国有个公司，它有这样一套升职体制。不管是谁被提拔了，上任之前都要再回到基层干三个月，这三个月内他们必须做清洁工和服务员。公司对此的解释是为了更了解基层工作，也是为了完善管理者的管理经验。若是这三个月内，那人只顾着飘飘然而无法真正做实事的话，很可能会丢了得之不易的升职机会，甚至被开除。

公司不需要故步自封、得意忘形的人。

很多人都跑得太快，尤其是在春风得意之时，往往只想着乘胜追击，而很少有停下脚步审视自己的。就如同许多人在一件事上获得了成就，只想着用更多的付出去获得更多的东西，而在前行的同时忘了自己为什么出发。

得意时，可以给自己一点儿鼓励，但与此同时更要告诉自己，未来的天地还很宽广，我们必须很努力，才能获得更广阔的天空。

在前进时，记得给自己补充给养，这样才能笑到最后，否则只能将自己掏空，得不偿失。

人生就像一场长跑，跑得太快，容易后劲不足。

做人太得意而不知进退，也容易让自己贬值，只能悔不当初。

要始终保持“正能量”

很多时候，工作久了，却仍然高不成低不就，达不到目标，这时我们就会陷入一种无止境的颓废之中，或是对自我产生怀疑，或是内心产生一种厌世的情怀。这种负面情绪会渗透到我们的生活中和工作中，然后我们就会产生一种抵触心理，变得既不热爱生活，也不用心工作。

每每遇到这种情况，我就会不断地告诉自己：别让自己披上颓废的外衣，我们需要保持“正能量”。

找到失望与希望的平衡，把挫折当收获

什么叫正能量？正能量就是指一种健康积极且乐观向上的动力与情感。只有始终保持正能量，我们才不会被种种负面情绪打败，不气馁，不惧挫折。

懂得尊重生命的人，一般都喜爱自己的生活，热爱自己的工作。这样的人，一般都善于享受，懂得如何找到失望与希望间的平衡，能够把挫折当作收获，把忙碌当作享受。

我认识的一位编辑，就是这样的实例。她是业内鼎鼎有名的工作狂，无论玩得多欢快，也不忘工作中的事，比如在一场饭局中，人家吃饱了就算了，她却能够从中挖掘出选题作者，然后三个月内我们便能够看到她这顿“饭”的成果。

她的工作经典名言永远是：“这出版人的职业多好啊！若我们苦恋谁就找谁出书，日日缠他约稿，既能增进感情又能做书，公私兼顾何乐而不为？”

办公室里总是立即欢声笑语：“我暗恋《爸爸去哪儿》里的张悦轩，我要找他约稿！”

“得了吧，人家才刚上小学。诶，成龙大哥有空不？如何才能约到他写专栏？”

她总能带给大家满满的正能量，再回过头看，我们总能发现与枯燥事业共处的好办法：把暧昧的因素添加到工作中来，把工作的对象当作我们心中所爱的人。让对方成为自己的“工作情人”，对方再怎样折腾我们，我们也不会添堵了吧？或许，我们反而还觉得生活中新添了不少小情趣，或许这就是最好的共赢局面。

既然能够开心地生活，我们为什么要让负面情绪包围着我们？

秉持着这样的想法，她的生活无比美好。她热爱她的家庭，热爱她的工作。从事这份工作十余年，全国各地的写手与作家全与她有着“一腿”，她的“情人”们也遍布五湖四海。不是与她有多次合作的老作家们，就是对她颇有好感的新作者们，全是上得了台面的光鲜人物。而她也认真对待，但凡是好的稿子，都被她印到了散发着芳香的纸张上。她总是笑着说：“做人嘛，开心一点儿好。大家都说催稿烦，可是换个角度想，我现在是一边催稿一边谈恋爱，这充实幸福的事情，谁不愿意干？”有时候，就连领导都把处理不好的事儿交到她手上。

事业干得风生水起，心态如此之好，家庭生活当然也相当幸福。

许多人常常积郁于鸡毛小事

不过，生活中像她“正能量”到这个程度的人可不多。许多人往往积郁于鸡毛小事，例如今天下班同事说了一句我不爱听的话，她是否在针对我？男朋友回我电话晚了一些，他是不是不在意我了？我新做的方案又过不了了，合作对象上辈子是我冤家吗？

我们常常为这些琐事所烦恼，整个人闷闷不乐，俨然成了“忧虑”“困倦”的代名词。我们对生活没热情，对工作没动力，什么事情都不想做，对什么都提不起兴趣，整个人颓废不振，就连好心情都消失得无影无踪。

不断地努力，才能得到一个热情的未来

遇到这种“负能量”爆棚的时候，我们要学会活在当下，我们所有对未来的规划以及对当下的忧虑，都是因为自己太希望拥有一个美好的未来。努力试着放下所有不如意吧，不要让悲伤占据了我们的生活，因为生活中的不如意而让自己变得颓废，是十分划不来的。

我们需要珍惜现在，请尽情专注于我们当前所做的事情吧。

要不断告诉自己，如果现在觉得辛苦，那是因为我们正在走上坡路。我们需要时时鞭策自己，并告诉自己一定要随时保持阳光向上。

生活需要我们热情以待，只有积极地生活，生活才会给我们一个积极的未来。

生命也才会越来越精彩。

揣着明白装糊涂，该出手时就出手

“揣着明白装糊涂”通常是指：心里看得明白，却在表面上装作糊涂。

现实生活中，揣着明白装糊涂的人可不少，有的人听懂了一些话，却装作没听懂，于是便躲过了被猜疑忌惮的一劫；有的人心里明白，却又不说出来，省了对方不少事，又避免了自己的尴尬。在古代，它是最常见的一种避难手法，现如今也是我们为人处世的好技巧之一。

揣着明白装糊涂，找到适合展露自己的时机

其实“大勇若怯，大智若愚”这句话的意思大家都懂，但真正能体味出其中寓意，并且真正做到的人却很少。

真正聪明的人不仅才智出众，更重要是他们知道如何利用他们的聪明，并不处处表露在外。而我们在职场中，也要学会如何“揣着明白装糊涂，该出手时就出手”，只有学会这个，我们才能做到木秀于林，而风不摧之。

20世纪80年代的时候，韩盈颖干了一件很轰动的大事。她原本是海洋石油总公司的一名高层，可是在当时那种体制下，她却忽然辞掉稳定的工作，正式加入一家跨国公司的中国分公司，在财务部担任要职。

那个时候，她已经34岁了。面对别人对她的质疑，她只是笑却不说话。

别人说的她装作不懂，也没听见，只是偶尔袒露出只言片语："人生还早，无论从什么时候开始改变，都不算晚。"

她一直在积蓄力量，该出手时就出手，从不犹豫。

进入新公司后，她先是默默观察公司里的具体情况，与此同时整理手中财务部的资料，在整理亏盈明细表的时候，用自己研制出来的程序算法制作了一张图表，在当时这属于新技术。

结果，在第一次股东大会上，她将近年来的财务状况，以最直观的图表方式呈现出来，大家分明可以看到近年来看似盈利的年份实则都是亏损，此举震惊了公司上下，她也因此而扬名界内。

之后，她开始着手进行公司工资发放改革，当时的工人都没有工资卡，每到工资发放的时候，都需要会计们人力完成，几百人的工资发放格外繁琐，麻烦不说，还容易出错。

针对这些问题，韩盈颖又干了一件大事。

她联系了当时的一家银行，签订了合作条约，以后每到公司发放工资的时候，就让员工们到银行去取，如此不但省了现金发放工资的麻烦，还能够为员工提供方便。若是不想取出现金，员工们则无须再去取款，既省时又省力。

此举一出，再一次轰动了公司高层，外方总公司的领导直接称赞她："你的到来改变了公司，这种敢于改变的勇气与新颖的想法非常值得鼓励。"

她从装着听不见的风言风语，到找到真正适合展露自己的时机，一举出现在别人的面前。被认可的那一天，她也迎来了新的人生，她被评为这家跨国公司的年度优秀员工。

做人做事不能太随心，学会给自己上一点儿“色彩”

我们要学会给自己上一点儿“色彩”，保护色、稳重色、事业色。

做人做事不能随心去做，太随性了容易出错，但也不能太刻意地去做。生活中有很多不如意也不需要太计较的事情，如果太计较，就容易陷入苦恼之中。

真正智慧的人生是有的放矢，该出手的时候就出手。在职场里，我们要学会忽略看不惯的事情，人与人之间的交往也极为微妙。上司与下属间的关系需要用心维护，很多事情我们要选择性地决定做与不做。藏而不露，拥有良好的品性与高远的志向，才是我们该有的为人处世的态度。

但凡所有能玩转职场的高手，都是能做到不动声色与深不可测的。

学会做人做事的技巧，更好地适应社会

我们今天的付出决定了明日的结果，我们的态度则决定了我们的未来。挫折与痛苦是职场常见的情绪，没有人可以一帆风顺地走下去，但要扬帆起航，得学会看风向。我们也必须懂得，只有厚积薄发，才能一鸣惊人。

反思我们的过往，学会改变，学会如何变得更好，是一种职场能力。

未来，我们能否适应这个社会，也是我们必须面临的一场考试。

揣着明白装糊涂是一种智慧，而该出手时就出手则是一项必杀技，学会它才能更加游刃有余地面对未来。

不要让“不成熟”成为令我们变得平庸的原因，拒绝平庸从现在开始做起。

第七章

·增强自己的实力，才能更好地把握当前的机遇·

有知识并不会得到一切，让自己全面发展

很多有知识的女性单纯地认为做好自己就行了，但现实并非如此。身处职场的现代女性，凭借在校学习的专业知识，以及工作后的不断“充电”，拥有了多个领域的知识和经验，这些对她们的职场竞争确实起到了很大作用，以至于很多知识女性认为：只要有足够丰富的知识，就可以在职场游刃有余。可是现实往往并不简单。女人们要想成为真正的人生赢家，就应该摒弃这种想法，就要重视以下几方面。

注重美貌的价值

知识女性往往认为：女人活在世上只靠相貌是不行的，那些以相貌论成败的观点都是不公正的偏见。女人要想在社会和家庭，尤其在男人心目中立足，立得牢靠和长久，首先要考虑的是自身的人格、文化、学识、才华和个性修养，其次才轮到相貌。这才是女人处世的立身之本。

不可否认，这样的观点是正确的，但是，女人若有了一张讨人喜欢的脸

蛋和令人羡慕的身材，那就拥有了更多成功的资本。

而且对于年轻的知识女性来说，只要稍微注意打扮，就可以更加容光焕发、光彩照人。所以，**现代知识女性虽然本身有相当的才华，但也不可忽视美貌的价值**。

重事业也重家庭

生活要幸福美满，固然需要事业的支持，没有事业就没有家庭，但是为了事业而忽略家庭的事例屡见不鲜。尤其是一些“精品”女人，因为自身是单位、公司的重量级人物，责任重大，往往会在事业中消耗过多时间和精力，这就成了家庭幸福的潜在威胁。

所以，**知识女性要学会在事业与家庭之间选好支点，让两者兼顾与平衡，才能获得真正的幸福**。

不能过于重视学历

不少知识女性由于本身的学历比较高，很容易对比自己学历低的男性产生一种居高临下的态度。

她们不仅在择偶时要求对方的学历比自己高，甚至交友的时候都会不自觉地选择那些学历和自己相同或者比自己高的人。

实际上，学历只是一种专业需求，而专业也不过是一种职业选择而已，与一个人的性格、品德乃至成就都没有必要的联系。**过于注重学历而不知道修养的重要性，实际上是一种故步自封的态度**。**这样不但缩小了自己的交友圈子，还给自己设置了一个障碍**。同时在人际交往中，这种态度还会让你被别人孤立起来。

另外要提醒大家的是，要在职场达到平衡，重能力也要重关系。现代社会是一个充满关系的社会，很多时候，关系的重要性不亚于能力。高学历的女人因为自身的能力比较出众，自然会重视能力这种个人实力，而对那些关系网络密集、能力巨大的人看不顺眼。在生活中，关系尤其不能等闲视之。

不快乐就走不长远，要感悟工作中的快乐

知识女性往往更容易获得较高层次的社会地位，享有更多的资源。因此，有人想象她们必定是无忧无虑的。其实，并非如此。

有知识就一定会快乐吗

雯雯博士毕业以后来到现在的单位，当时觉得工作的氛围好，上升空间大。但是她上班以后发现，公司招她过来并不是想真正地培养她，而是在和客户谈判的时候用博士头衔来证明自己公司的实力雄厚。时间长了，雯雯的专业能力并不能发挥出来，她每天干的工作其实根本不用上那么多学也能完成。她很郁闷，整天闷闷不乐。同事们觉得她这样有点儿清高，都不喜欢和她交往。雯雯的职场生活非常不开心。

为什么有知识的女人会不快乐呢？究其原因，主要有两点：

知识女性由于具备较高的知识水平，而被人们以为应该追求高尚的事业并取得成功，但是，也不能因此而剥夺她们作为一个普通女性应该享受到的

快乐。日常生活中，人人都有心理上、情绪上的低潮和波动，这不仅与个人性格、生理周期、内分泌状态等自身因素有关，还非常容易受工作压力、事业坎坷、爱情挫折和家庭不和等外界因素的影响。因此，在现代社会里，知识女性有压力的社会病更是屡见不鲜。有人说，做女人难。其实，做一个快乐的知识女性更难。

知识女性大多是职业女性或事业女性，即使是最好的职位与最成功的事业也免不了给人带来烦恼和困惑。因为处于这个位置的女性，责任更重，挑战性更强。现代社会，科学技术日新月异、思想观念不断解放和发展，这些无疑为知识女性提供了体现自身价值的更为广阔的天地，但在知识女性的职业生涯中，有许多无形的障碍：因为你是女性，应聘时可能败于一个素质、能力比你差的男性；因为你是女性，你的工作能力和业绩可能屡受怀疑。女性常常顶着压力加倍努力，付出比别人更多的时间和精力。对于知识女性，职业与事业的压力是挑战也是一种社会病，社会病正是快乐的敌人。

做个有知识的快乐女人

那么，怎样才能成为一个快乐的知识女性呢？

要转换角色观念和行为模式，营造良好的心境是知识女性的必修课

心理学家有一个形象的说法："心境是被拉长了的情绪。"它使人的其他一切体验和活动都留下明显的烙印。"人逢喜事精神爽"，良好的心境使人有一种"万事如意"的感觉，遇事也能冷静对待，使问题迎刃而解；消极的心境则使人消沉、厌烦，甚至思维迟钝。知识女性因为有知识，最能成为快乐心境的主人。而要培养和掌握自己的心境，保持快乐，必须谨记十六字箴言："振奋精神，自得其乐，广泛爱好，乐于交往。"如果你感到不快乐，那么你要找到快乐的方法，那就是振奋精神；常为自己所有而高兴，不为自己所无而忧虑，就是自得其乐的最好方法；培养多种业余爱好，以陶冶情操、增加乐趣；广泛交友更是保持快乐心境必不可少的环节。

只有健康女性才会拥有持久的快乐人生

关于健康女性，目前还没有一个统一和明确的标准。如按心理学分析，可从心理统计、心理症状和内心体验三方面去认识；按社会学解释，则可以把解决生活中所面临的实际问题的能力作为标准。但是，凡是能正确理解自己的社会角色、正确理解自己所处的社会环境、有能力解决自己所面临的问题、有一定目标并为之努力的知识女性，就一定是健康女性。

健康女性应该成为知识女性的质量标准，快乐人生应该成为知识女性追求的人生目标。有了标准，有了目标，只要努力，一定会成功。

女人再单纯也要重能力不重头衔

高大上的头衔往往令单纯的女人迷失方向。“高管”头衔比比皆是，含金量的差异却是很大的。聪明的女人总能敏锐地发现这一点。

头衔光环下的女人不要迷失方向

很多女员工在原来的公司戴着“经理”“主管”头衔，跳槽时，自然而然会有下一家公司给的职位不能低于以前的级别的想法。在跳槽后进入下一家公司的时候，当你发现现在的职位不如以前高，往往不愿“委曲求全”时，你要想到职业含金量，这是衡量工作价值的标准。不要觉得比你们前一个岗位低的职位，就有损你们的自尊心。现在许多大公司和知名企业并不轻易承认那些“高管”头衔，他们关心的，是求职者的具体职责。

“你在以前的公司具体做哪些工作？取得什么样的成效？”这是企业在招聘的时候最关心的话题，他们绝不会异常关心：“你在前一个公司的头衔是什么？”

猎头顾问曾指出：从他们的工作经验得知，不同的工作领域，相同的工作性质，它的职业含金量也不同。许多小型企业的“经理”“总监”所做的工作，所承担的职责，还比不上一个大型企业里的普通职员。“高管”头衔比比皆是，含金量的差异却是很大的。如果一个做财务管理的人，在一家大型工业企业，就算是一个普通职员，能够学到的东西也一定强于在一般零售业里的财务管理人员。

高级职场白领应把眼光放在企业的发展空间，能否给员工提供福利、培训等优良条件上。这些，远比形式上的“头衔”更加实惠，而且能够为你以后的创业积累足够的职业含金量，从而使你的职业生涯再上一个台阶。

另外，要提升自己的含金量，就必须注意在上司心目中的形象。很多女性到公司很长时间了，在同事面前做事有条有理，但在上司面前手忙脚乱。做事乱了“章法”。怎样塑造在上司心目中的形象呢？

反应要快

上司的时间比你的时间宝贵，不管他临时指派了什么工作给你，都比你手头上的工作来得重要，接到任务后要迅速准确及时完成，反应敏捷给上司的印象是金钱买不到的。

说话谨慎

工作中的机密必须守口如瓶。

保持冷静

面对任何困境都能处之泰然的人，一开始就取得了优势。老板和客户不仅钦佩那些面对危机声色不变的人，更欣赏能妥善解决问题的人。

勇于承担压力与责任

不要总是以“这不是我分内的工作”为由来逃避责任。当额外的工作指派到你头上时，不妨视之为一种机遇。

提前上班

别以为没人注意到你的出勤情况，上司可全都睁着眼睛在瞧着呢！如果能提早一点儿到公司，就显得你很重视这份工作。

善于学习

要想成为一个成功的人，树立终身学习的观念是必要的。

别对未来预期太乐观

千万别期盼所有的事情都会照你的计划发展，要有受挫的心理准备。

苦中求乐

不管你接受的工作多么艰巨，即使鞠躬尽瘁也要做好，千万别表现出你做不来或不知从何入手的样子。

取得一些必要的证书

能力再强，总需要证明，这时一纸证书往往会帮上你的忙。如今的证书可以说是五花八门，但是，归结起来，大约就是下面的几种。

语言资格语书

MSE：剑桥英语五级证书，对应试者英语听、说、读、写能力进行考查的水平考试。

BEC：剑桥商务英语证书，考查考生在商务方面的英语实际运用能力。

CETTI：翻译资格证书考试。

还有外语口译资格证书、英语商贸翻译证书和英语商贸文书写作技能证书，等等。

如果有了上述任何一种，恭喜你哦！因为英语可能是你最常用的外语，有语言才有交流。没有的，去考一个来吧。

技术证书

NIT：全国计算机应用技术证书。

ACCP：软件工程师。

微软系列的证书

MCP：微软认证专家——证明至少对一种微软操作系统有深入了解的人。

MCSE：系统工程师。

MCDBA：数据库管理员。

MCSD：方案开发专家。

电子商务师

NCNE：国家网络技术水平考试。

其他职业资格证书

IPMP：对项目管理人员知识、能力及经验的认可和证明，表明其在行业内的等级水平。

NVQ：中英职业资格证书合作项目NVQ企业行政管理证书。

ACCA：英国特许公认会计师工会推行的资格认证，培养国际性的高级财务管理专家。

此外，还有注册会计师证书，律师资格证书，翻译导游业证书，公务员能力测试，网络规划的CAN和CNE证书，广告设计的ColorDraw、PhotoShop等三维或动画软件方面的国际认证，等等。

金融类证书

精算师资格考试：ASA(准精算师)和FSA（正精算师）。

CFA：特许金融分析师。

单纯的女人们，你们可以鄙视这些证书，但不能否认有时候它们就是比几张纸的简历和满篇废话管用，为了谋生，这些东西还是取得几个为好。

需要远离的八项职场弱点

基层员工想升为主管，基层主管希望更上一层楼。但是，有些人就是没办法成功。而且，往往许多才华洋溢的人，因为某些个性特质，在迈向成功的关口时无法突破瓶颈，获得成功。因此，如果你想要获得成功，就应该注意避免下面所说的职场弱点。

要求太严格

要求自己是英雄，要求别人也达到她的水平。在工作上，要求自己与部属“更多、更快、更好”。结果，她的部属筋疲力尽，离职率节节升高。这种人从小就被灌输了“你可以做得更好”，所以不停地工作，一停下来就觉得空虚。

★对策：“己所不欲，勿施于人”。同样的，“己之所欲，勿施于人”。要知道，任何人都是不同的。作为主管，千万不能将自己的意志强加给下面的员工。

一心击出全垒打

这种人过度自信、急于成功，一天到晚梦想击出全垒打。对工作缺乏切合实际的判断，找工作时，非名企名牌则免谈。过度的自信使他们成了长败将军。

★对策：这种“高不成低不就”的心态是永远也没办法成功的。不妨先“低就”，积累经验转为优秀的职业人，让自己在磨炼后逐渐走向理想的“高成”。

和平至上

这种人不惜一切代价，避免冲突。其实，不同意见与冲突，反而可以激发活力与创造力。回避冲突的人可能被部属或其他部门看扁。为了维持和平，她们压抑感情，结果严重缺乏面对及解决冲突的能力，这种无能还蔓延到她生活的各个方面。

★**对策：**“在狮群中，如果你是斑马，至少也要假装成一只狮子，才不会被吃掉。”

迷失方向

她们觉得自己失去了生涯的方向。“我走的路到底对不对？”她们开始怀疑。她们觉得无力，自己的角色可有可无，跟不上别人，没有归属感，害怕挫折。

★**对策：**应该重新找出自己的价值与关心的事情，因为，这是一个人生命的最终本质。

永远觉得不够好

这种人患有“事业恐高症”。虽然聪明，有历练，但一旦被提拔，反而毫无自信，觉得自己不胜任，她们没有往上爬的野心，觉得自己的职位已经太高。这种自我破坏与自我限制的、无意识的行为往往会让企业付出很大的代价。

★**对策：**扭转这种自我否定的负面意识，其实自己被提拔本身就已经说明了这样一个问题，并不是自己没有能力，而是自己否认自己有这种能力。

非黑即白看世界

她们眼中的世界非黑即白，相信一切事物都应该像有标准答案的考试一样。她们自觉地捍卫信念、坚持原则，但是这些原则可能根本没那么重要。这种人僵化，很难与人相处。

★**对策：**如果自己是这样的性格，最好远离那些需要灵活应变的职位，这样才能够适应自己的发展。

恐惧当家

典型的悲观论者，杞人忧天。采取行动之前，会想象一切负面的结果，感到焦虑不安。这种人往往会遇事拖延。

★**对策：**其实我们唯一害怕的，是害怕本身。这种人必须训练自己，抑制心中的恐惧，让自己变得更有行动力。

眼高手低

她们常说，“这些工作真无聊”，但是，她们内心的真正感觉是，“我做不好任何工作”。她们希望年纪轻轻就功成名就，但是又不喜欢学习、求助或征询意见。因为这样会被人以为她们“不胜任”，所以她们只好装懂。而且，她们要求完美而导致工作严重拖延。

★**对策：**这种人必须自我检讨，并且学会失败。因为，失败是成功的伙伴。

女上司怎样让别人感到幸福

身为女上司，不要因为属下是女人就起恻隐之心，怕别人说你心狠；任何情况下都要明确传达指令，态度不能优柔寡断。婆婆妈妈、唠叨琐碎是身为女性管理者的大忌；以身作则方可为人楷模；一切要以工作为重，大度自信。女上司和女老板一样，在发挥自己的职业优势的同时也要规避自己性格中的弱点。怎样才能做一个让大家喜欢的女老板呢?

适度幽默

你可能是一张冷峻面孔，却从不当面发火，也不会在公众面前失态。你会以几句幽默的话语化解冲突和矛盾，让员工在会心一笑中意识到问题的严重性，自觉从错误方向中掉头。

保持自我

你天生具有极强的个性，即使在众口一词中也能抛出自己的真知灼见，让反对者临阵倒戈。

热忱仁爱

努力接近员工，恭听员工的各种意见，即使是员工的个人私事，也尽力相助。微笑是你给员工的第一张名片，可摧毁员工所有的不安和怀疑。

一专多能

拥有杰出的管理技能只是众多才干中的一项，在许多领域你都高人一等。

领先潮流

你是潮流的领先者或跟随者，大到最新潮的管理精髓、时尚用语，小到化妆服饰、一言一行，都散发出领导者的魅力。

利益共享

你和普通人一样拥有对金钱的渴望，但从不偷偷摸摸将金钱装进口袋，而是讲究在阳光下利益共享，有舍得“割自己肉”的勇气，这样的你不吸引人才怪呢！

超强忍功

你从不因一点儿小挫折而偃旗息鼓，也决不因别人的恶意阻挠而屈服退出。坚忍不拔是你的品行，不达目的誓不罢休是你的处事准则，短期内可能有压力，但成功后则大放异彩。

艺术涵养

假日里你应抛却手头一切杂事，去美术馆、音乐厅等场所感受艺术气氛，拉近自己和艺术的距离，从中体会如何使自己的工作也“艺术”起来。

思想深刻

你既像一个政治辅导员，又像一个哲学家，在大家最迷茫的时候，通过自己的精辟论述与缜密论证把大家从迷雾中领出来，并继续掌舵引领企业前行。

亲近下属

你应努力亲近下属，且是真心真意的，因为你深谙取胜之道，懂得人心向背，且会抓住时机掏出红包鼓励下属。

不断给自己充电，尽早获得高薪

单纯的女人们在步入职场以后往往忘了努力，学习如逆水行舟，不进则退。职场也是如此，不及时充电就会让自己贬值。其实，你要做的就是找好充电的切入点：一是职业所需的实用知识，二是加强提高工作能力的实践。不充电生活就不够丰富，不充电迟早落伍。

不断给自己充电

熙熙工作以后一直放纵自己，玩游戏、逛商场、旅行，就是不学习。原来她的工作还能很好地完成，但是随着高学历的新同事的不断加入，随着老同事的不断学习，她的压力越来越大。

面临强大的职场压力，想要稳定立足，就要具备各种能力。你随时会发现自己的不足，针对实际工作的需要，你要充充电了。

修养充电：生活品位

这是一种并不直接但对人有潜移默化影响的充电形式。女性事业成功，但并不意味着她们就拥有了完美的生活，追求完美的女子希望自己从声音、体态到品位、艺术修养以及社交等方面得到全方位的完善。健身，茶道，插花，唱歌，跳舞……修养充电是女性的新生！

高端充电：学当老板

无论你想当个部门经理，或是干脆自己开辟一番新天地，参加高端充电，学习管理都是必不可少的。

随性充电：做个有心人

随用随学。心思细腻敏捷的你要随时随地留心身边的人和事，学会发现生活中的亮点，并注意总结别人的成功经验，然后拿来为自己所用，这可能是生活和工作中能让自己进步最快的一招。

另外，为了更顺利地适应自己的工作岗位，你越来越需要进行充电以便补充相应的能力。为了更好地实现自己的目的，下面的这些“秘籍”或许对你很有帮助。

（1）读一个培训班的花费从几百元到几千元不等，看你报的科目以及培训时间的长短。比如学习电脑制图大约需要3000元。英语的各类培训班因课时长短和不同等级收费标准也不同。报名前先做好经济开支的计划。

（2）选办班口碑比较好的学校，以免进个名不副实的培训班，辛苦几个月却收获不大。

（3）依据个人时间安排、个人在本领域的起点，考虑需要达到的水平，选择适合自己的培训班来读，切不要好高骛远，最后白白浪费金钱。

（4）充电是在业余时间，给繁忙的生活又加了码，要注意在学习之余好好休息，尽量不要选择离住处太远的学校，免得太辛苦。要知道健康是一切之本。

让自己获得高薪的方法

女人也要养家，幸福的女人不会是对薪金整日愁眉苦脸的人。许多人一提到薪金问题就不好意思开口，这是非常错误的一种做法，自己的合理要求要勇敢地提出来。在薪金谈判时怎样提出薪金的要求呢？

问清税前税后

劳资双方在面对商谈薪酬待遇时，求职者往往忽略税收问题。你的薪水越高，所要承担的税金就越高。因此，最好事先问清楚，约定的薪酬数额是税前款还是税后款，并在劳动合同中加以注明，以免误了你的“收成”。

分清基本工资与奖金

通常公司会把你的工资总额分成几块：基本工资、效益工资、奖金、津贴、补贴等。在保证工资总额不变的前提下，你要力争基本工资的高低。因为，一般情况下，公司会把你的基本工资定得很低，这样你的各类保险费用也会相应降低；而如果当你进入“产期”、准备生宝宝时，公司就有理由只发给你基本工资，那样，你的收入就会大大减少。

高薪不能代替保险

如果公司给你高薪，却不给任何保险，那你可别忘了给自己买一份商业保险。但你要知道，《中华人民共和国劳动法》第七十二条中规定：用人单位和劳动者必须依法参加社会保险，缴纳社会保险费。即使你们有了协定，公司也不能免除此种责任。如果公司想要炒掉你，一定要让公司为你缴齐这段时间的保费。如果不缴，那就拿起法律武器保护自己的权益。

在今天这个职场竞争异常激烈的社会，很多女性感叹工作难找，取得高薪就更难了。要如何掌握职场赢得高薪的技巧来取得高薪呢？

选择业绩佳、前景好的公司

高薪来自公司的高绩效，所以你要先留意公司的体制，如组织决策流程、员工素质、核心技术等。但是，也不应只关心企业现在的业绩，更应关心影响整个公司乃至整个行业发展的因素。

观察企业的领导人是否具备前瞻性眼光

好的领导就像动力十足的引擎，为公司输入新的想法，创造和谐的工作环境。如果领导人具有开拓进取精神，必定能为员工提供一个广阔的发展空间，薪金增长也自然水到渠成。

让自己成为难以替代的人

物以稀为贵，职业也是一样；如果你做的工作人人都能做，你受重视的程度和薪金自然高不到哪儿去；如果你做的工作别人不能做或能做的人很少，拿高薪是顺理成章的。所以，职业女性应该时时注意企业的整体环境正在发生哪些转变，并且思考在这样的转变中，企业急需具备什么技术或才能的员工，以便及早准备，提升自我价值。

丰富自己的阅历

阅历丰富的通才，可以有效整合企业内高度分工的各项资源，形成综合效应。因此，女性要把握各种机会丰富自己的阅历，如参加项目规划，参加在职培训等，在学习的过程中尽心尽力，在潜移默化中提升自己的价值。

具备团队协作精神

这几乎成为招聘方对求职者共同的、最基本的要求。可见合作协调在一个组织中的重要性，一个有序的组织应该强调专业分工，但绝不能各自为政。在这种环境下，能够组合、协调本部门或部门之间的工作，发挥团队力量的佼佼者，高薪自然不在话下。

目光长远

这一招不是什么实际的办法，而是提醒你追求高薪是你的目标，但目光远大的人不能将视线只停留在追逐高薪上。因为只有不断增加你的个人价值，才是你取得高薪的源源不断的动力。如果一味追求高薪，而忽略了薪金仅是个人价值的反映，难免会舍本逐末。

入职以后，如果不小心遇到“抠门”的老板，无视自己的劳动付出总是对薪金视而不见，这时候，就需要你使用一些方法来为自己“乖乖”加薪。

循循善诱

说服老板给你加薪是一件非常困难的事，因此，你必须有充足的理由才能开口。而且要让老板认为给你加薪是一件很合算的事，在谈话时，要“诱”而不能“逼”。身为女孩子的你，这可是发挥自己特长的机会呀！

期望切实

一个人的期望值与他们所得到的结果有着非常密切的关系。所以，向老板开口时，你的期望值应该是符合实际的。因此，MM们应该注意多关注一些同行的薪酬情况，同时，你还应当注意用一种委婉的方式表达自己的意愿而不能过于生硬。

明确自己的利益

加薪也包括你在各方面福利和待遇的提高。除了最基本的薪水之外，比如利润提成、股票期权、晋升机会、年假等都可以向老板提出。许多MM觉得这种事情很难开口，其实这是一种误区，开诚布公反而更能够促进双方的理解与沟通。

估算老板的利益

和你一样，老板也关心自己的利益。在你说服他为你加薪时，要注意，你的利益增长和他的利益增长应该是相一致的。

备选方案

万一无法说服老板为你加薪，你需要准备一个“B计划”来达到你的目的。可以准备一个详细的行动方案以备不时之需。

永远在学习，永远在前进

林清玄在《生命的化妆》一书中说：女人化妆有三层，其中第二层的化妆是改变本质，让一个女人改变生活方式、睡眠充足、注意运动和汲取营养，多读书、多欣赏艺术作品、多思考，可以让女人对生活保持乐观的心态。事实上，独特的气质与修养才是女人永远美丽的根本所在。

不做易碎的花瓶，就要不断充实自己

20世纪90年代初，杨澜在中央电视台担任《正大综艺》主持人后，红遍大江南北。但她却在事业的巅峰之际，选择了出国学习。四年磨一剑，后来加盟凤凰卫视，随后创办阳光卫视，担任申奥形象大使，获得了她那个年龄能够获得的所有成就与美誉。任谁提到“杨澜”这个名字，都会想到这是一个睿智聪慧的女子，而非一个“花瓶”。

从《京华烟云》到《青花》，温婉的赵雅芝一直光彩照人地美丽着，有谁想到她生于1954年，是三个孩子的母亲呢？岁月流逝，气韵犹存，那份婉约的书卷气，令人怦然心动，仿佛她真是那西湖岸边的白娘子，可以演绎不老的美丽。

在娱乐圈里说到知性美，无疑要提到刘若英。她不仅是歌手，亦是创作人，作曲、写歌，还尝试文字创作。她虽没有非常漂亮的脸蛋，却像她的绰号“奶茶”一样，美得含蓄而不容忽视。

有人说：“书，是女人最好的饰品。”因此，无论有多少个理由，**作为一个现代女性，一个期待精彩人生的女性，书是一定要看的，而且看得越多越好**。**因为书会使你从骨子里提升品位，教你如何做一个知识女人**。

因此，注重内在知识的丰富、智慧的修养对现代女性来说是至关重要的。30岁前的相貌是天生的，30岁后的相貌是后天培养的。你所经历的一切，将毫无保留地写在脸上，每天智慧一点点，你为自己做的便是不断地滋润。红颜易逝，但智慧可以永存。

读书，不仅仅是做样子

书籍是人类的精神财富，书籍更是女人的最佳美容品。读书带给女人思考；读书带给女人智慧；读书会使女人空荡荡的漂亮大眼睛里变得层次丰富、色彩缤纷；读书教会女人在笑的时候笑，在忧伤的时候忧伤；读书还使女人明白自身的价值、家庭的含义，明白女人真正的美丽在哪里。

“读史使人明智，读诗使人灵秀，数学使人周密，自然哲学使人精邃，伦理学使人庄重，逻辑修辞学使人善辩。”培根在《随笔录·论读书》中写出了读书的益处。晚清民初著名学者王国维曾借用三句宋词概括了治学的三种境界：第一境界，“昨夜西风凋碧树，独上高楼，望尽天涯路”；第二境界，“衣带渐宽终不悔，为伊消得人憔悴”；第三境界，“众里寻他千百度，蓦然回首，那人却在灯火阑珊处”。由此可见，读书学习只有甘于寂寞，不怕孤独，日积月累，持之以恒，才能到达“灯火阑珊”的境界。

喜欢读书的女人内心是一幅内涵丰富的画，文字可以书写性情、陶冶情操。喜欢读书的女人常常是有修养、有素质的女人。一个女人最吸引人的地方就在于她丰富的内心世界，以及从而表露出来的优雅气质。“书中自有黄金屋，书中自有颜如玉。”岁月的流逝可以带走姣好的容颜，却无法带走女人越来越美丽和优雅的心灵。书籍，是女人永不过时的生命保鲜剂。

世界有十分美丽，但如果没有女人，将失掉七分色彩；女人有十分美丽，但如果远离书籍，将失掉七分内蕴。读书的女人是美丽的，“腹有诗书气自华”。书一本一本被女人读下肚的时候，书中的内容便化成营养从身体里面滋润着女人，由此女人的面貌开始焕发出迷人的光彩。那光彩优雅而绝不显山露水，那光彩经得起时间的冲刷，经得起岁月的腐蚀，更加经得起人们一次次地细读。正因为如此，你将不再畏惧年龄，不会因为几丝小小的皱纹而苦恼。因为，你已经拥有了一颗属于自己的智慧心灵，有自己丰富的情感体验。你生活中的点点滴滴，将会书香四溢。

在社会生活中，女性的生存空间比男性的狭小，所以女性更需要博览群书，以放眼世界。而且在广泛阅读的同时，还要善于思考，不盲从，也不偏执，这样才能培养一颗丰富和广博的心灵。

另外，读书时不要把范围局限在某一类。男人能看的书，女人都应该看，如文学、军事、政治、传记、历史类等。

因为，**书是改变一个人最有效的力量之一。书是带着人类从蛮荒到启蒙的捷径。书还是女人修炼魅力之路上最值得信赖的伙伴。**

做一个爱读书的女人吧，读书的女人才能永远美丽。

女人晋升不能单纯地等待

女性在职场里的晋升非常艰难。在小公司还好些，一旦进入一些中型企业或者大型企业，工作一段时间后，渴望晋升的念头，就像被迎头泼了一盆冷水，原来，那些公司里的前辈，也还在排着队等着晋升。轮到自己，至少也得十年八载。

那么，职场中的女性要怎样做才能迅速得到晋升的机会呢？

首先要让自己具备升职的能力

如果你想升迁的话，现有的能力永远是不够的。假设你是一个普通职员，想升迁到主管位置上，那么，你现在的专业技能显然不够用，你需要具备相应的管理能力，以便管理下属，还需要熟悉相关部门的知识，以便跟他们合作，等等。如果这些能力还不具备，就应该尽快学习，“等爬上去再学习”的想法是不现实的，哪个上司愿意将某个职位交给一个暂时还不胜任的人呢？除非那些任人唯亲的人才会如此。

能力是一把梯子，决定你能爬多高。当然，能力并不是个简单的观念，主要由以下四个部分组成。

（1）知识：具备相关的、已经组织好的信息，而且能够运用自如。

（2）技巧：能将困难或复杂的技术简单化。

（3）信念：对自己完美的表现有信心。

（4）态度：表现出高水准的积极情绪倾向和意愿。

但是，并非所有的能力都有助于你事业的发展，也没有一种能力可以适用于各种职业。所以，寻求新的发展，就意味着所获取的新能力要服从事业发展的需要。

熟知影响职场晋升的五个认识误区

上司应该知道我想升迁

如果你想进步，上司的支持通常是必不可少的。花一些时间构思改进工作的计划，找机会跟上司会面，陈述你的目标。在得到上司的支持之前，不要结束会面。“您愿意帮助我吗？”这是在这种会面中必须问及的关键性问题。

如果与别的经理接触过密，你的上司将会感到威胁

如果你的上司没有干好工作，他是会感到有威胁的。如果你很希望在某个部门工作，那么就尽全力在那个部门内建立关系。对于那个部门正在进行的工作要感兴趣，让人们知道你愿意学习更多的东西；在那个部门需要帮助时尽量帮忙——前提是不要干扰你自己的工作，否则你的上司感到的就不是威胁而是愤怒了。如果你坚持这样做，当那个部门有新职位时，人们自然就会想到你。

同事是我最好的朋友，不会和我竞争新职位

同事之间很少存在真正的友谊，如果新职位的报酬比目前提高了10%～20%，人们通常就会去竞争它。记住，办公室可不是咖啡馆，公事总是排在友谊之前。尽管很喜欢同事，你也要专注于工作，不要因为无价值的闲聊而分散了精力，别人可能会在你漫不经心时抓住机会。

人们应当知道我是名勤奋工作的员工

做一名勤奋工作的员工，并不意味着你就一定可以获得应有的回报，你还得时不时为自己吹吹喇叭。

获知新职位的唯一途径是看人事公告

通过办公室的小道消息，你能够知道几乎所有的事情。如果你不加以留意，就有可能错过重要的信息。你可以借出入其他部门办公室的机会与人寒暄："嗨，周末郊游玩得怎么样？"用这样的问话开头，可以很容易地与别人沟通。但要记住：不要逗留过长的时间。那样别人会误解你不努力工作，是一个四处游荡的"包打听"。

女性在职场中要掌握职场晋升之道

找准职场晋升点

在职场竞争中，女性很容易迷失自己，当她们发现晋升之路越来越渺茫时，往往就对自己失去了信心。但是，女性要在职场晋升，首先就要对自己自信。当然，职场里，获得领导的赏识和信任是件不容易的事情。但是，不管你的经验如何，都不需要感觉沮丧，只要你下决心认真地做好工作，任何事情都是有转机的。

从某种程度上来说，年轻人的晋升是依靠公司前辈的让步和信任所获得的，而不是年轻人努力的结果。这就是为什么很多人很努力，却始终没有晋升机会的原因。为何会出现这种情况，简单点儿说，就是努力方向出了错。

职业女性如果能获得公司前辈的让步和信任，她的努力就会有结果，不管是素养、能力，还是升职、加薪等，都会得到快速的成长，到那时就能真正要风得风，要雨得雨，跟现在的你完全是天壤之别。

学会和上司唱双簧

当你找到一份工作，自然就会有一个直接上司，这个直接上司在很大程度上，决定着你在公司里的职业发展。所以，不管在什么时候，都要对你的直接上司负责。

（1）对上司让步。有求于人先予人。每个人都有自身的弱点，不管上司多么优秀，还是知识渊博，也会或多或少地存在一些缺陷。当上司在做自己的工作时，这些缺陷还能够因为刻意遮盖而隐藏掉，但当上司实行管理时，缺点往往就会暴露出来。在这样的情况下，当部分员工对上司出现疑惑情绪时，你应该坚决站在上司这一方。但并不需要特意表现出来，你只要设法在工作中，努力把上司的管理漏洞弥补掉，那么你就做到位了；或者说，你明里暗里在跟上司唱双簧，时间长了，上司自然会明白。

（2）对上司信任。获得上司信任的人才有机会得到重用。一个连对上司都不信任的人，是不太可能获得提拔和培养的。

尽管有时候，你认为你的上司不值得信任，但公司高层不可能不知道。唯一的原因就是，你没有找到上司的优点。

人无完人，只有对上司表现出足够的信任，你才能够宽容地对待上司表现出来的缺点，并在工作中努力修正，以实现或达到部门的绩效。简单点儿说就是，你还是应该跟你的上司“唱双簧”。

若你能够充分把自己的优点与上司的优点很好地结合起来，那么公司的初衷就能够实现。只有在公司发展的情况下，你的晋升空间才会加大。

（3）向上司借力。你在跟上司唱双簧共同建设部门时，公司的高层是肯定知道的。从公司角度出发，一个知道团队配合、宽容和信任的员工，才是公司的好员工，在你努力做这些事情的时候，公司方面也在关注你。

当公司出现职位缺失时，你会有更多的机会获得这样的岗位，而这个机会实际上就是来自你上司的推荐。

向上司借力，主要是希望获得上司的推荐，不管是部门内部还是部门外部，上司对你有最直接的发言权。从人的本性方面来说，谁都愿意把机会让给一些值得信赖的朋友，而不是一些能力高的员工。

渴望晋升，无可厚非，没有人不希望获得满意的职场生涯。获得公司前辈的让步和信任，学会跟上司唱双簧，以获得上司的支持与提拔，是最快也最行之有效的职场晋升之道。如何去把握，那就是你自己的事情了。

职场中的行动底线是要做一个参与者而不是旁观者。为了你自己的职场前途，不要只是观望着别人进步，应当马上采取积极行动。

自信，女人最好的一张名片

也许有人会问，什么样的女人最美丽？其实我觉得美丽并没有统一的标准，有些人长得漂亮，所以被认为美丽；有些人浑身散发出独特的气息，气质动人，所以她们也美丽。但我觉得，最美丽的女人应该是拥有自信的女人。

什么样的女人最美丽

自古以来，自信的女人就很为人追捧，名留青史的有武则天、李清照、薛涛，她们有自己的见解与人生，不管生命对她们到底是优待还是苛责，自始自终她们都那般坚强地朝前走着。或成为女帝，或留下许多动人的经典诗句，或有着传奇的人生。她们由内而外闪耀着光芒，她们做事自信而强大，从来不轻易诋毁自己，也不轻易向命运屈服。有这么一些内心强大、自信动人的女人，她们嘴角时时刻刻挂着明媚的微笑，美丽而令人称羡。

关于自信，不同的人有不同的标准，有的人觉得是对自己有着明确的认识，知道自己未来的路往哪走，并且从一而终地艰辛努力着。她们一步一个脚印，从来只做实事，不做虚事，**她们善于肯定自己，有着积极的人生目标。有的人呢，则觉得自信是有勇气，有自信的人拥有敢于挑战一切的勇气，她们从来不惧困难，也不畏未来**。

不管究竟是什么标准，自信的人在人群中永远是独特的。人们在茫茫人海中，一眼就能看到他们。

一个女人曾在咖啡厅给我讲过她的经历，她是高考改制后考上大学的学生，但因为当时家里太穷，于是她选择了放弃上大学的机会，转而去学习技术。毕业后被分配到一家国企，后面又借调到政府机关。按理说她这样的学历出身，能够在机关单位里就职是很自豪的事情，但她并不这样认为，反而越来越自卑，成天睡不着觉。

“那个时候，我一天到晚没精神，说话也紧张、口齿不清，和别人交往时显得很拘谨。因为我觉得自己就像是刚进大观园的刘姥姥。那个时候很自卑，一直到后来自学了会计，并且考到了中级职称，才稍微好了一点儿。

“后来我才发现，原来自信对于一个人那么重要。”

没有能力，所以没有了自信，也正因为自卑，所以才会让她在那段时间那么难熬。

如今，她说：“现在我趁着工作之余的空闲时间，还自学了会计等相关课程，考到了注册会计师资格。我也离开政府机关单位，自己开办了一家会计事务所，后来事业顺畅了，我的自信才真正恢复。”

现在的她端起咖啡优雅的样子，根本看不出是位不曾上过大学的女人。她浑身上下散发着知性与文艺的气息，像是个富有学识的女人。

她也这样说：“人生真正的财富并非是书本上的东西，反而自尊、自信、自爱，以及拥有一颗优等的心，才是最重要的。”

用自己的方式，改变我们的人生

如今的她越来越美丽，我常常在朋友圈中看到她的照片。歌剧院中，她深邃的眼睛似乎闪烁着奇妙的光芒，她不卑不亢，自信独立地面对着生活。

现在的她拥有幸福美满的家庭，她不再轻易否定自己，生活条件优渥了以后，脸上也红润多了，改变是由内至外发生的。

其实我们谁都明白，女人的年龄是不断增长的，这是谁都没有办法改变的客观规律。

但在规律之外，我们却可以用自己的方式去改变我们的人生。真正聪明的女人善于打理自己的人生，更能调节自己的心态。

以四十岁的年龄活出十八岁的心情并非不可能，而以二十岁的人生活出四十岁的智慧更不是难事。拥有自信的希望，时时展现出我们最美的笑容，就没有什么是不可能的。

自信是女人最好的名片

自信，是女人最好的一张名片。

人人都喜欢和自信的女人交往，她们自立自强，能够带给大家无穷的力量。

自信的女人拥有着独特的魅力，因为自信，所以她们能在学习、工作、恋爱和婚姻上做好自己的本分，就像方才讲述自己经历的那个女人那样，拥有自信是她走向成功的开始。

其实，这也是我们的开始。

高尔基说："只有满怀信心的人，才能够在任何地方都将自己沉浸在其中，并且成功实现自己的人生理想。”自信美丽的花朵终归是赏心悦目的，自信的女人做事稳妥向上，也最容易令人刮目相看。获得诺贝尔奖的女性科学家，就是最好的佐证。

一个人活得是否精彩，就看她是否足够自信。

自信，就是我们人生的一张王牌。

聪明的女人善于投资自己

记得前阵子在朋友圈看到一篇文章，里面说到新婚姻法出台，许多女性觉得自己的利益失去了保障。那篇文章中做了这样一个假设：一个男人和一个女人结婚时，两个人分别有十二万元和八万元。男人领证前用十二万元付了婚房的首付，而女人则用自己的八万元装修。

后来，男人把每个月四千元的工资还房贷，而女人则用自己每月三千元的工资养家。之后男人升了职，工资提升到七千元，同时两个人有了宝宝。孩子出生，女人为了带孩子而辞了职。三年后男方出轨，双方离婚。

聪明女人能够把握分寸，懂得疼爱自己

大家会问，上面这个故事中离婚的女人最后还剩什么？

答案是什么都不剩。按照新婚姻法，房子为男人婚前购买，付了首付并且后期还贷，房子为男方婚前财产，离婚不予分割。而孩子，按照法律上的

规定，夫妻离婚会把孩子判给更有利于孩子成长的那一方。女人没了工作，又没了房子，男方条件比较优渥，他能给孩子更好的成长空间，所以孩子会判给男人。

这是个对于婚姻法的片面解读的故事，对错先不论，它首先让我们看到了一个女人的人生故事。

她用最美好的青春倾注于一段婚姻，结果没了房子，没了孩子，没了工作。

后来，女人从这段情伤中走出来，吸取前一段婚姻的教训，不再依赖着男人，开始独立自强起来。她报了一个外语培训班，加上原本在大学里的成绩就较好，离婚后的她很快拿到了外语翻译证书，进了一家对外报刊工作。她还报了花艺培训班，重新提高修养，培养自己的优雅与自信，半年后她整个人的气质都改变了。

在工作一年后，她因为工作成绩出色，被派出国当驻地记者，在那边遇到另一位绅士的男士。两个人互相欣赏，坠入了爱河。

这一次她不再像曾经一样，为其他一切付出，却唯独忘了自己。

有些女人把一切托付给男人，把人生所有的希望都寄托在男人身上，却不知道这世上能够义无反顾地扛起自己人生的只有自己。

女人，不要太过于依赖任何人。

聪明的女人懂得把握分寸，在毫无保留的付出前，她们会先投资自己。

懂得爱自己的女人，才能被别人所喜爱。

许多女人只顾家长里短，不思进取

很多女人不明白，男人有时候爱自己是因为最初遇见时的吸引，那时男人喜欢你的青春，喜欢你的善良，喜欢你的上进。可是婚后女人越加松懈了，她们总认为：“我都结婚了，还打扮自己做什么？”“年纪都大了，还学什么？”“别人的大事关我什么事？”

男人将一株清新的茉莉花娶回家，结果却变成了豹皮花，又丑又臭。女人专注于柴米油盐，最有兴趣的是邻里八卦，殊不知男人最开始喜欢的，或许就是你身上的那一份靓丽，那一份追求，那一份纯真善良。可现在的你是什么样子？不再靓丽，不再有追求。岁月终将改变很多人，我们渐渐变得家长里短，不思进取。

无论如今的我们究竟是二十岁、三十岁、四十岁，聪明的女人都善于给自己留一分余地，善于投资自己。

有人说过一句话，二十五岁前的女人靠相貌，二十五岁后的女人必须靠内涵，让自己变得智慧、有气质、有内涵十分重要。女人为家庭、婚姻付出了那么多，可对方一个利落转身，轻易便落了个一无所有，投资对方不如投资自己，学会打造一个优秀的自己最重要。

从今天开始努力充实自己

一个聪明的女人，她能够把自己打理好，把事业打理好，也能把家庭打理好。

她们明白：多爱自己一分，世界才会更爱你一分。

永远也不要说“我的一切都付出在家庭上”“我工作那么忙，哪有时间去做别的事”“这东西那么贵，我怎么舍得给自己买”，只要是为自己付出，就一定有意义。

一本书三十块，买来阅读后多了人生阅历与感悟，觉得不值的时候问问自己，是否就真的不值？一套高档化妆品两千块，但它能让我们光彩照人，提升我们的自信心，换来愉悦的心情，它真的就不值吗？每当要投资自己时，就告诉自己——当一个女人把自己想得很廉价的时候，她会觉得什么都昂贵。但当我们意识到自己才是唯一最珍贵的，我们定会竭力为自己变得更好而付出。

试问一下：自食其力的情况下，还有什么是我们想要却不配拥有的呢?

要敢于为自己努力，也要舍得投资自己。

只有投资自己，才能让自己永葆生命力、吸引力，它让我们为人处世变得更有底气，更加自信。一个有知识、有内涵、有能力、有主见、独立的女人，一定很有魅力。

从今天起，从现在起，为自己而努力，如果有想要实现的梦想，那就勇敢地朝着自己心中的那个目标而努力。

第八章

要做就做期望中最美好的自己

理智面对夸奖，仔细听却不较真

在生活中，我们总会遇到被人夸奖的时候。“小靓，你今天穿的这条裙子好漂亮。”

“小靓，你今天会上提出的那个创意点子真好，领导都夸你了呢。”

我们被人夸奖，虽然内容不尽相同，但被夸奖时心里那种愉悦的心情，想必每个人都是一样的。不同的人面对夸奖有不同的反应，有的人会回答：“哎呀，你这么说我会不好意思的啦，你也很漂亮！今天天气真晴朗！”

有的人则会说：“真的吗？我怎么觉得你是在忽悠我，你故意讽刺我的吧？”

有些人则干脆自卑地抬不起头，只能用微笑一带而过。

不同的回答，彰显了不同的性格。如果你受到了夸奖，你会如何面对呢？

面对夸奖，千万不要飘飘然

面对夸奖的时候，有些人会飘飘然，脸上虽然笑着说“没有、没有”，心里则在想：这说的不是废话吗？

你认为：我美若天仙，自己天天看镜子怎么能不知道？你喜怒行于色，眉眼间都洋溢着倨傲。试问若是对方在夸奖你时看见了你这样的表情，对方心里会怎么想？

大约是：这人怎么这样啊？还真是给根棍子顺杆爬，给点颜色就开染坊。

你在不知不觉中就给别人留下了自以为是和毫不谦虚的印象。

夸奖是糖衣炮弹，我们若是享用过度了，势必会把自己的牙甜掉。糖衣炮弹之所以被称为糖衣炮弹，那是因为在令人愉悦的同时，也能将人炸伤。

我们应当理智地面对夸奖，仔细听却不较真。千万别让自己跌倒在赞美这条道路上。

安迪是国外一家公司的职员，从中学起她就有些自卑，从来没有人夸奖她。到了后来她渐渐懂得了如何做一个自己想要的自己，从穿衣打扮开始学习，而在做事上，她努力参加课外活动，令自己的能力展现在众人面前。

渐渐地，有人夸安迪了。她尝到了赞美的滋味，从此以后，她以得到别人的夸奖作为努力的动力，在外貌上、能力上，都有了较大的提升。

从麻省理工大学毕业后，她已经蜕变成自己也不认识的模样，她习惯接受别人的夸奖，坚信自己自信而美丽。到后来，如果走到哪儿，哪儿的闪光点不是自己，她就会心生愤恨；若有人夸耀自己，她就会笑逐颜开。

一次跨国方案实行阶段，她被任命为组织者，忽然就有人朝她说道：“漂亮的女士，你这么厉害为什么还会在这家公司呢？噢，我若是你就跳槽了！想想，我真替你不平呢。”

安迪想了想，竟然也这么认为：我这么优秀，为何还要在这里卖命？安迪愤愤辞了职。

辞了职的安迪丢了工作，而当初夸奖她的同事却升了职，原来他接手了她的方案，并且大获成功。安迪万念俱灰地发现自己原来竟是这样的平凡。

太把赞美当回事，容易被屏蔽双眼

一个人如果不把赞美当回事，就会把别人的好意浪费，也是一种不尊重别人的行为；但一个人若把赞美太当回事，就容易被它屏蔽了双眼，导致无法认清真实的自己。

成也萧何败也萧何，安迪因为受到夸奖而努力，最后却也因为夸奖而失去了工作。我们需要理智地对待夸奖，在认真听取别人赞美的同时，也要清晰地明白，自己到底有多少分量。仔细听却不较真。若一个人太把赞美当回事，终会迷失自己，阻止自己前进的步伐。

以平常心对待赞美，做个有内涵的女人

有位名人说得好，如果一个人必须通过外界的赞美来证明自己，那只能说明他的内心不够强大。做一个有内涵的女人，我们必须学会微笑面对赞美与批评。

在我们心中，夸奖与责备都是一样的，它们是我们前行的动力，是我们成长路上的风景。

只有当一个人不再需要依靠赞美证明自己的时候，才是内心真正强大的时候。也只有当我们的内心强大了，我们才能做到无所畏惧，我们的生活才

会更加美好，我们脸上才会绽放专属于我们的微笑。

安之若素，淡然处之，不卑不亢。无论遇到什么事，都以平常心待之。做人做事有分寸，既不夸耀自己，也能从善如流地面对生活中的陷阱。无论周围有多少诱惑与挫折，我们都能心无旁骛地做自己该做的事。

如果能有一颗强大且坚定的内心，我们就会体察到生活的美好。

注重品质修养，嫉妒和虚荣要不得

在生活中，我们常常能够见到嫉妒和虚荣的女人，她们也经常出现在小说或影视剧中。她们内心奸诈，她们偏激而妒忌心强，她们爱慕虚荣，抛弃本性做一些伤天害理的事情，她们常常让观众恨得牙痒痒。

“看到电视剧中那个坏女人了吗？因为自己想要的得不到，就把另一个人推下楼去了。”

“你长大后可千万不要当这样的人。”

许多妈妈都这样教导自己的子女，可是又有多少人静下心来审视自己是否也是这种人呢？

我们在“生活”这场剧中扮演着怎样的角色

我们在“生活”这场剧中扮演着什么样的角色？温柔的母亲，奋斗的女青年，还是正走在人生低谷里踽踽独行的失意人？我们在当下正做着什么样的事情？

是无所畏惧地勇往直前，还是正站在人生的分叉路口，陷入痛苦之中——为什么别人总过得比我好？凭什么她一出生就穿金戴银，而同一个宿舍的我却要省吃俭用。

“你看那个张琳，长得漂亮，就连嫁也嫁得也比我们好。”

你嘴上笑着附和：“是啊，真是个人生赢家，羡慕死了。”

心里却阴狠地骂道：“老天真是不公平，这种不劳而获的人怎么出门没被车撞死呢？让他们存在，就是为了刺激我们这些平凡人的吗？”

无论男女，嫉妒心与虚荣心人皆有之，差异只在于程度强弱之分。有的人觉得别人有房有车，我也要有房有车；如果没有，我就要去偷去抢，否则就抬不起头来。总之，别人有的我也非要有不可。

有些人则觉得，别人有的东西我没有，我一定要以他人为榜样，将他们如今所拥有的东西当作一种对自己的激励，暗暗告诉自己：别着急，老天不会亏待任何人，只要我们努力，该拥有的，我们迟早也会拥有的。

有的人任嫉妒心与虚荣心侵蚀自己，到了最后，连自己都快认不清那个恶毒、丑陋的自己了。有些人则是把嫉妒心和虚荣心转化为动力，更加勇敢地为自己所想要的东西而努力。

徐蓉在一家高端房地产公司工作，公司招收的营业员也走“高端路线”，老总为了诠释奢华的概念，请了三四位富家女来当置业顾问。这几位富家女同事不愁生计，只是抱着玩玩看的心态过来工作。

“唉，我这个月零花钱好少，花了二十万，只剩下十万。”

“悠悠，你过来看这个包包，法国定制的不错吧？回去让我身为上市公司老总的老公买给我。”

徐蓉一开始不习惯这样的生活，总觉得自己低人一等，在同事间抬不起头来。为了满足自己的虚荣心，她也曾咬咬牙，用半年的积蓄为自己买了一款名牌包。不过后来徐蓉忽然想通了，她如此耿耿于怀是为了什么？

人和人原本就存在着差异，世界也因为这种差距而变得美好。吃高档西餐的人享受着属于他们的优雅，而在夜市吃着路边摊的人也并非就不快乐。

你是否也有“虚荣”与“嫉妒”的毛病

如果一个人在一定限度上有所追求，那么说明这个人上进。如果茶不思饭不想，一直发狂般地想得到某些东西，从而夜不能寐，做出一些超出道德限度的事情，那或许就是一种缺点了。

世人总说“死要面子活受罪”，有时候女人比男人还要面子，有时为了一条名牌裙子而睡不着，有时觉得自己不如人，带着一种逆反的心态，从而甘愿道德沦陷。寻找有钱人做男友，当物质女，甚至去当“小三”，出卖自己的身体。这些道德败坏的行为，都是嫉妒和虚荣惹的祸。

因为嫉妒，伤害别人，自己得到了什么？因为虚荣，为了攀比，花几万块钱买名牌，到底又能得到些什么？倒不如把省下来多余的钱去资助失学儿童，改变他们的人生命运，永远比让自己变得丑陋而有意义得多。

你是否也有这些毛病？

我们手中拥有的东西，就是最好的

在办公室里，人们常说那谁谁生活好，老公对她好，家里又买了一套房，你就难受得睡不着觉，只能咬着牙再拼了命地想办法追赶，别人越得意，你越要过得比别人好。于是你开始了剑拔弩张的斗争，你变得像个刺猬一般，刺伤身边的人。

这样的人生，又怎么能用一个“累”字说得清？

徐蓉后来不再攀比，让自己把注意力都放在销售工作上，今年年中因为销售业绩第一，而被提了经理。因为做事认真，待人和善，为人不虚浮，她被一位年轻有为的男士追求。生活、事业、爱情都圆满了。徐蓉到最后才明白，很多东西只要努力，总会有的。

我们不需要羡慕与嫉妒任何人，因为我们手中拥有的东西，就是最好的。

坚信不同的人生有不同的活法，别人的生活并不一定适合我们。如果人生能够替代，让我们去以对方的身份生活一阵子，我们定会觉得原来一切并不像我们想象得那般美好。所以，我们不用去嫉妒，提高自身的内在修养最重要。

从古至今，人性上，嫉妒和虚荣就是其中最大的缺点。

女人要注重品质修养，嫉妒和虚荣最要不得。

赠人玫瑰，手有余香

印度有句谚语，叫作“赠人玫瑰之手，经久犹有余香”。

一个想法被改变的女飞贼

我们的生活中也是这样的，自古以来就有邻里相帮的典故。记得前阵子中央八套播出了一部电视剧，里面有个故事：一位女飞贼跟随一位王子来到一个民风淳朴的小镇，随行的还有一位戴着面纱的舞姬。王子对舞姬说：“你在这里，可以尽情地把面纱摘去。”女飞贼听到了就问：“为什么她在这里可以无所顾忌？”王子回答：“面对这里的人，不需要防备。”

女飞贼从小经历了许多苦难，直到长大后，她已经不再敢相信世界还有真、善、美，所以对王子的回答嗤之以鼻。女飞贼做出了一件令人深感意外的事情，她绑架了这个村子里的人。

这位有厌世情结的女飞贼朝着惊恐的村民们喊道：“你们别过来，过来我就杀了他。把你们最值钱的东西交出来，我要黄金，许许多多的黄金！”

她认为，这世上没有人会如此善良与好心。这是个贫困的小镇，黄金一定是他们家中最珍贵的东西，他们一定不愿意为这个普通的村民倾尽所有。

令她满意的是，这些村民果然异口同声地说：“我们没有金子。”女飞贼大笑道：“你们不是没有，而是不愿意给！”她心想自己果然猜对了，怎么会有人愿意为别人而付出呢？

人不为己，天诛地灭，女飞贼又继续高喊道：“没有金子，就把你们最珍贵的东西拿出来。”

村民们跪了一片，因为害怕她伤害手中的人质，每个人都急急忙忙地跑开了。再过片刻，所有人都回来了，手上却拿着许多瓜果蔬菜。

“女侠，恳求你把人放了吧，这就是我们最珍贵的东西了。”

女飞贼的心灵受到触动，她缓缓地松开了手。女飞贼说他们最珍贵的东西，她一件也不要。再后来，备受感染的女飞贼在王子被追杀，全村人即将成为陪葬者的时候，勇敢地站了出来。她用她的聪明才智救了王子和所有村民。

赠人玫瑰，手有余香。村民们将最珍贵的东西赠给女飞贼，目的是为了拯救女飞贼手里的村民，而这种为他人付出的情怀，又打动了女飞贼。女飞贼从村民身上获得了温暖，改变了她原有的想法，她也改掉了从前的冷血。

正因为之前村民的善举，才有了之后女飞贼勇救全体村民性命的举动。她以弱小的身体，一人对抗一队骑兵，斗智斗勇，造就了这个动人的故事。

我们处于人世间，不可能脱离社会而存在，哪怕再孤立的人也会有和他人接触的时候，这就需要我们看清，一个人在成长过程中，不可能一帆风顺，毫无挫折。当我们受到挫折时，我们会需要他人的关爱和帮助，我们也会需要别人对我们伸出援手，如果这时有人对我们伸出援手，我们一定会备受感动。

同理，在别人受到伤害的时候，他们一定也希望得到别人的帮助和关爱。正因为互相帮助，我们的社会才会变得更美好。

帮助他人，我们会从心底得到愉悦的感受

记得有一次在家乡接待来自远方的朋友，陪同她们去景区旅游的时候，遇到一个姑娘。那位姑娘大概十九岁，刚出社会的模样，大大的眼睛，青涩的脸庞。景区即将到达时，她善意地提醒车上的乘客："天涯这个景区有两个入口：如果大家想坐船看沿岸的风景，就从A出口进去；如果想走普通的路线，就从大门进去，那么就在前面提前下车。"小姑娘话音刚落，车上就响起了如雷的掌声。

车上都是外地游客居多，每个人都没料到车上收费的乘务员会善意地解说，而小姑娘也并没有想到，她只是贴心地多说了几句话，就收到了这么大的赞赏。

我分明看到小姑娘低下头微微一笑，红晕悄然爬上了她的脸颊。

帮助他人，我们会从心底得到愉悦的感受，这是世上任何一种喜悦都无法替代的。

赠人玫瑰，手有余香——属于我们的福报

它不似考试满分的欣喜，也不像穿上了一件新衣服般开心，那种被他人感谢与认同的目光，会让我们觉得自己的生命极富意义。在那一瞬间，这种"自我提升"与"自我满足"的感觉犹为强烈。

所谓"赠人玫瑰，手有余香"的魅力也在于此。

在生活中，我们积极主动伸出援手多一点儿，受到帮助的人就多一点

儿，心里的满足感就多了一点儿。做好事是为了他人，也是为了我们自己。一个健全优秀的人，他必定有社会责任感，也不会坐视不理。而我们在平常生活中，多帮朋友一点儿、帮同事一点儿，也是在给自己积善德，留善缘。总有一天，我们会收获属于我们的福报。

要做一个心灵美好的女人，不吝啬对他人的帮助。

或许，我们会像玫瑰一样芬芳，温暖自己，感动他人。

保持真诚本色，让生命开出淡然的花朵

真诚的人受人喜爱和尊敬，具备真诚品质的女性，也更有魅力。

很多人刚入社会就听前辈说："做人不要太傻，不要太单纯。"那么太傻，太单纯又特指什么呢？许多姑娘下意识地认为，指的是不要待人太真诚，要做人留一线，要学会睁着眼睛说瞎话，甚至是昧着良心待人。

与其使用心计，不如坦率真诚

"世界那么乱，我真心给谁看？"

"真诚？这岂不是把自己送出去给人宰吗？厚黑学上可不是这么说的。"

其实，我倒觉得人活在这个世上，一定要时时刻刻保持一颗真诚的心。在生活里、工作上，我们会遇到形形色色的人，无论他们是好人还是坏人，他们首先都是一个"人"。

若是人，就会有爱恨情仇贪嗔痴，有七情六欲，自然也就会有是非观

念。**一个再丧尽天良的坏人，但凡遇到触及他心弦的人或事，他还是会与普通人一样流下眼泪。一个再铁石心肠的人，若遇到十分伤感的场面，他也有可能被触及心扉。所以这世上没有什么绝对的好、绝对的坏**。

在风浪中打过滚的人，他们见识颇多，在他们面前用心计，若是用不好，反倒容易招来反感。与其费尽心思，锻炼自己的城府，还不如真诚待人。

林雅是刚来这座城市打工的小女孩，她在求合租的时候遇到一位大姐，大姐一直以来都很照顾她，例如水电费主动替她减半。

大姐总说："你才刚过来工作，什么都还没有稳定下来，收入也不多，我能够帮你就多帮你一点儿，这点儿钱是小事。"

林雅听了大姐的话，深有感触。从这时起，林雅每次下班早都会主动分担家务，例如周二是大姐打扫，她主动帮大姐将地板擦干净，还做了香喷喷的饭菜等她回来。

原本两个人只是合租的陌生人，林雅这么一来，一个合租的小屋子忽然就有了家的味道。

就这样过了一年，两个人之间竟然没有遇到过半点矛盾。不仅如此，大姐平时记住了林雅的喜好，给林雅送的生日礼物是她最喜欢的裙子。林雅觉得大姐是一个特别好的人，也特地用心为大姐策划了一个生日宴会。

在生日宴会上，林雅说了一段很真诚的话："一开始和大姐接触，我总担心她是不是不好交往，到了后来感觉到大姐对我的好，起初我还担忧是不是真的。后来我体会到，大姐待人真诚，我为自己的多心与戒备感到羞耻。也正因为大姐的行为打动了我，我才以真诚对待她。"

"过去这一年，我与大姐能开心地生活在一起，全是大姐的功劳。今天借这个机会，我想鼓起勇气问一句：大姐你愿意认我做干妹妹吗？"林雅脸上是真诚的微笑。

大姐边拭泪边忍不住地点头："认，我当然认！"

真诚待人，才能获得真诚相待

不要太信奉昧着良心待人的法则，每个人都有心，都会感受，会体悟，人与人交往是否彼此真心相待，但凡是有心的人，势必能够感觉出来。**只有真诚待人，才能获得他人的真诚相待，才能被人喜爱，被人尊重**。

闺蜜有一阵子没有出去工作了，近期才重新进入职场，回归社会。她与我说道："走入社会后发现自己多多少少会变得有点儿'社会化'，有点儿不够纯洁了，多了些城府。"

我回道："有时候我倒不觉得有点儿城府不好，你可以把它归类于一种与人有效沟通的方式，有点儿'城府'说明考虑得深了，对于他人的感受在乎了，这样能够避免很多矛盾，也让双方的交往变得更顺畅。

"无论如何，只要没有害人的心，不危害社会，不给他人带来麻烦，就够了。无论是否变得'社会化'，只要一直保持真诚的本性，我们就是善良的。有城府，并非就代表变得不好了，恰恰相反，它是长大成熟的表现。"

博爱、宽容地去感悟人生的真谛

没有人可以停留在一个不理世事的年纪，我们势必要扩大我们的交友圈，面对更多的是是非非。有领导的责备，有与同事的竞争，无论我们遇到什么事，都要带着一颗真诚的心去面对。

相信真诚待人，势必会有回报。始终保持赤子之心，才能有更多人尊重你，也才会获得更多的良师诤友。

用心发现生活中的美好，当我们去体会周围人的真诚与善良，我们也会发自内心地感恩、微笑，在这里送给大家一句经文，"不忘初心，方得始终"，大意是说不要忘记自己最初的本心，也不要忘记人与生俱来的善良、真诚的心。它提醒我们博爱、宽容地去感悟人生的真谛。

人生在世近百年，生命的轴长抵不过沧海一粟，何必为俗世抛却我们的善良与真诚，失去我们的本性？对于一个女人来说，出众的品行和性格才是她人生最宝贵的财富。

真诚是我们的财富，切莫失去它。

请始终保持真诚本色，让我们的生命开出美丽的花朵。

谦恭是女人最好的武器

我们常听闻“枪打出头鸟”“木秀于林风必摧之”等谚语。

常言道：高调容易遭雷劈，做人还是低调点儿好。很多时候，这些道理我们都懂，但就是做不到。我们时常会问，为什么别人不喜欢我？为什么我们无意间树敌这么多？

千万别高调，木秀于林风必摧之

我们静下心来审视自己，是否做了很多高调的事情。

当做好一件事的时候，得到领导夸奖，转眼便眉飞色舞、神采飞扬。因为开心，不懂得收敛节制，到处去嚷嚷自己做成了什么事，有多厉害，太过于得意容易挫伤别人的自尊心，伤人伤己。真正懂得为人处世的人，应当明白谦恭是最好的处世方法。

什么叫作谦恭？谦恭又有什么好处？

自古以来，女人就有希望被关注的天性，没有一个女人希望自己始终平淡无奇，也不愿意自己长得丑。一个美丽的发饰，一件漂亮的衣服，但凡一点点能够提升女人形象的东西，都能够讨得女人的欢心，令她们心花怒放。归根结底，没有人不喜欢成为众人焦点，被尊重，被关心。

女人喜欢被人夸奖，被人追捧，但同时也容易养成骄傲、自视甚高的毛病。

记得曾在某本书上看到一个故事，讲的是英国王妃戴安娜如何从英国平民成为王室妃子的事迹。里面有一段评价："英国王妃戴安娜为什么能够被如此多的英国人所喜欢？我想，很大原因是因为戴安娜王妃的品性。戴安娜王妃以腼腆温和的微笑打动了查尔斯王子，也以谦恭、谨慎和温和的品性赢得了我们所有英国人的心。

"无论遇到什么事，我们的戴安娜王妃始终都是淡淡微笑着的。她这种微笑让我们觉得谦虚与亲民，我们喜欢这样智慧谦逊的王妃。"

可以说戴安娜的命运改变，得益于她性格中的谦逊。与一些高调又容易得意忘形的女人相比，谦恭的女人确实更容易被人所喜欢。

一个懂得谦恭的女人，有时或许不是最出色的，但她一定是具有一定修养的人。因为对于大多数人来说，能够时时刻刻做到谦恭待人，确实是件很难的事情。

谦恭的女人容易被人喜欢

这个社会上的诱惑太多，面临着机遇的同时也不断面临着危机，在受到赞赏与得意的时候，面对失意的人，谦恭往往比张扬自得要好得多。

谦恭的女人容易被人喜欢，因为谦恭的女人不会因自己优秀而看不起别人，她们往往能够做到博学优雅而不高傲自大，也不骄傲忘形，更不会因为自己地位显赫而不可一世。相反，谦恭的女人有时候越能谨慎做事，礼貌待人，诚挚做人。

谦恭的女子像一株风雨中淡然的茉莉，它不会对暴虐的风雨卑躬屈膝。越是风雨呼啸，越是淡定从容。

有时谦恭更像是一种情韵、一种高贵的气质、一种优秀的品格，我们若能做到以谦恭的态度为人处世，定能直挂云帆济沧海。

最好的武器是谦恭，最大的敌人是傲慢自满

曾经在各大媒体报道中，我们能看到戴安娜王妃不骄不躁，从容地微笑。这种微笑常常会让我们联想到另一种人，她们傲慢而自以为是，令人觉得肤浅难耐。

前几年有位女星因为频频耍大牌而被媒体集体封杀，据说该女星总觉得自己是个大牌了，迟到不说，还经常根据喜好取消采访。若是有时心情好了，就给来采访她的记者赐个座，若是心情不好，就勒令新闻媒体记者站两个小时，直到全程活动结束。

这位女星红了两年后就不红了，因为当初有这种嚣张无理的品行，之后她为了扳回一局，请求媒体来参加她的新闻发布会，被媒体齐齐放鸽子。用一位曾受过她侮辱的记者的话说："她当初根本不尊重人，现如今有机会让她感受一下不被人尊重的滋味，学习如何做人做事，我觉得冷待是有必要的。"

谦恭是女人最好的武器，而傲慢自满是女人最大的敌人。我们千万不能太自以为是，也不要觉得自己优秀就不把别人当回事，否则只会让自己坠入深渊。

聪明的女人大多数都是谦恭的，她们不会为了自己一时的快感而去伤害

别人、挖苦别人、嘲讽别人，更不会以贬低他人作为高捧自己的手段。

为了让自己做一个有修养、高尚、完美的女人，让我们先把姿态放低，谦恭起来。

有时谦恭并不是低声下气做人，谦恭反而恰恰是女人最锐利的武器。

做一个有梦想和会感恩的女人

一边是现实，一边是梦想。

一边是理智，一边是疯狂。

我们的人生只有一次，你会如何选择？

人生只有一次，我们如何选择

我认识一个姑娘，她长得很漂亮，但人生并没有给她很多优待。她出生于一个特殊家庭，她的父亲经常流连于不法场所，也喜欢酗酒，一喝醉就会回家打她的母亲，家庭不和睦就注定了她的成长之路走得坎坷。

她在十五岁的时候辍学独自去北京打拼，因为长得好看，经人介绍做了模特圈最底层的模特。据她回忆，那个时候为了赚取微薄的生活费，她要参加拍摄到凌晨两点，大冬天一个人伴着路灯走回来。那时为了省钱，租不起较好的房子，只能蜗居于地下室。

“每次半夜回家，都是我最害怕的时候，因为那段路没有路灯，踩着高跟鞋走在坎坷的小路上，身后传来的是自己脚步的回声。我常常以为有人在后面跟踪，害怕遭遇什么不测，所以我就在大冬天脱了鞋子狂奔。”

赤脚踩在冰冷的地面上，是她最痛苦的回忆。她说：“那个时候我就想，一定要成名，一定要赚很多钱，离开这个地方。”她不希望自己一辈子就这样碌碌无为地活下去。

在之后的三年，她在接活的过程中一边攒钱学英语，一边准备自费留学。因为会画画，她自修了服装设计这一专业，由于成绩出色，被英国一所学校破格录取。

她终于从一个普通北漂姑娘，获得了继续学习进修的机会。在英国念书的那两年，是她最开心的日子：“我觉得我终于像个人了，我用自己的努力改变了生活，我觉得我离梦想又近了一步。”

我与她认识是在她从英国回来后，她向我请教一些写作上的问题，而我则倾听着她对未来的计划：“前阵子我参加了一场海选，已经成功入围，相信不久后就会有结果了。”

再之后，这姑娘传来了出国的消息，她已经在韩国成为一名娱乐公司的练习生。

“前辈们都很辛苦，经过几年练习才会出道，现在在学习歌舞和韩语，相信我可以的。”

我也觉得她可以，多年前她那个成为明星的梦想，终会实现。她也可以不用再住回那种可怕的地方。

在她身上，我看到了作为平凡女孩的蜕变，梦想并不是奢侈品，只要我们努力，就可以实现。有梦想的女人一般都比没有梦想的人走得更远。因为她们想要的东西多，就必须更努力；想要实现梦想，就需要更加拼命地奔跑。

一个有梦想的女人是充实的。她因为有追求，所以对待生活有着积极向

上、乐观的心态；因为对自己的人生有规划与期待，所以又会格外认真努力地生活。

认真的女人是最美丽的，为工作、人生而奋斗的女人更美丽。有梦想的女人会神采奕奕地做事，不虚度岁月。梦想还会给人插上一双隐形的翅膀，能让我们飞得又高又远。

感受美好，认真生活

“因为有梦想，所以我知道一切得来不易，也才让我懂得了感恩，更懂得珍惜。”提起当初那段艰辛的时日，她常常这般感慨。

因为感恩，她把这种对世间万物的感谢又转化为新的动力，每当自己觉得辛苦，受到委屈的时候，她就告诉自己，如今一切都是上天赐予的，她就不气馁了，而更加拼命地去努力，去感受美好，去认真生活。

有梦想又懂得感恩的人更易获得幸福

有一位名人说过：“一位容易获得幸福的女人，她一定是个有梦想又懂得感恩的女人。”

女人有了梦想，才不会庸碌地生活，让自己陷入无止境的抱怨中。不会总沉迷于柴米油盐酱醋茶，沦陷于邻里八卦。懂得感恩的女人，一定都具备发现生活中美好事物的能力，一般这样的女人更善于发现别人对她的好。她们懂得感恩，会欣喜，如此一来就会以更加诚挚的心去对待他人，对待生活。

长久下去，良性循环，她们一定能够更加从容地满是爱心地与身边的人相处，也势必会有个更加和谐美满的生活环境。

当一个人心中满是温情，认真地生活，一定会收获更温暖的感情回报。她们不随意怨天尤人，不认为所有的挫折都是命运对她们的不公。对于她们来说，有个幸福美满的生活是必然的，这是一种深远的人生境界。

上天不会亏待任何一个有梦想并为之奋斗和努力的人，拥有一个梦想，会让我们的人生更加有意义，而懂得感恩，则会让我们拥有一个更加幸福的人生。

做一个有涵养的女人，我们需要树立我们的梦想，善于感恩，提高自我修养与内涵。

人人都爱积极向上，懂得处世，懂得感恩的女人，让我们做个智慧的人生赢家。

整理不良情绪，为生活寻找新的灵感

在日常生活中，我们时常唉声叹气，总是在自己无可奈何的时候，就发出一声叹来：“唉。”

身边的人就会问：“怎么了？是有什么不开心的事情吗，为什么唉声叹气？”

可这个时候，我们会发现，自己好像回答不上来。

为什么唉声叹气呢？生活不顺心，还是事业不如意？

面对生活中的不良情绪，要学会及时梳理

其实人的一生中会遇到许多不如意的事，小学时考试不及格，或是黑板上的题目不会做，都能令我们心烦上一阵子。到了成年以后，我们面临着工作上的困难、事业上的挫折、生活上的困苦，婚姻中夫妻双方的矛盾……能令我们苦恼的事情更多了。

活在人世间，能让我们不开心的事情太多，我们被负面情绪所负累的时

间也很多，每当心情不好时，如何及时梳理我们的不良情绪就显得尤为重要。

一个上司，最不喜欢的就是员工将负面情绪带到工作中来。作为家庭的一员，我们也不喜欢将工作上的负面情绪带到生活中去。但生活与工作往往是互通的，平常在与别人的日常交往中，我们也会遇到许多不开心的事情，哪怕出去逛个街，都可能与陌生人产生矛盾。产生不良情绪的源头那么多，我们一定要善于打理好我们的心态，如此才能时时以笑容面对我们的生活。

琦敏与芳菲是两个性格迥异的人，琦敏有事喜欢说出来，她还特别爱笑，朋友们常常笑问琦敏有什么事那么好笑。她总回答：“生活那么苦，愁眉苦脸给谁看？还是笑一笑好，笑一笑十年少。”有一次琦敏因为和主管吵了一架，当天下午就失业了，但是回到家中，她就跟个没心没肺的人似的，依旧照常地过日子，休息了两天再精神抖擞地去找新工作。

芳菲不太擅长与别人交流，性格也比较沉默，是典型的双鱼座，多愁善感又有点内敛，太情绪化又容易陷入沮丧而不可自拔，每当日常生活中受了委屈，她总喜欢憋在心里不讲，又不疏导与整理，久而久之，芳菲整个人看起来气色变差了许多，听闻有一阵子还差点儿患上忧郁症。

因为个性上的不同，琦敏虽然还没结婚，但追她的人排成了十里长街。而芳菲由于性子太过阴郁，她的老公对她颇有微词已久，不良情绪没有及时疏解，导致家中愁云惨淡。芳菲丈夫觉得压抑得难以呼吸，与她吵了几架，家庭越来越不和睦，险些酿成大祸。

面对生活中的不良情绪，我们一定要学会及时疏解，像琦敏那样，从来不将不良情绪留到第二天，也从来不把这些事儿憋在心里。一个人的承受能力是有限度的，心中的垃圾堆积得多了，整个人也变得像个垃圾场一样。

内心压抑了，许多事情就难以做好，生活没有新的改变，一成不变的压抑，让人难以喘息。芳菲就是犯了这个忌讳，我们要学会及时疏导情绪，为自己的生活找一点儿新灵感。

如何应对工作和生活中的不良情绪

因为不疏导情绪，芳菲就像一个即将被吹爆的气球。为了始终拥有一个好心情、一个积极向上的心态，我们可以定期对自己的负面情绪进行清理。

首先，要给自己立一条规矩，从来不将坏心情带过夜。培养属于我们的兴趣爱好，如果平常喜欢唱歌，那么心情不好的时候就尽量约上二三好友，一起去KTV狂High一番，相信不良情绪得到了发泄，剩余的一定只有好心情。

其次，若遇到令自己不开心的事情，就尽量解决它。若是因为困难而毫无心情做别的事情，我们就尽量去解决它，把这个不良情绪的根源解决掉。若是依靠自己的能力无法单独解决，我们可以请教有办法解决它的人，尽量为自己排解不良情绪，告诉自己事情总会过去的。

最后，如果是因为平常太忙碌了，导致我们对生活感到疲惫，那我们就要及时放松，为自己腾出一个空间，让自己休息一下。做人与做事都要松弛有度，不要太过于逼迫自己，有时将自己逼得太紧了，容易适得其反。工作要劳逸结合，也要经常注入新的活力。

培养几个新的兴趣爱好，在心情烦闷的时候，把注意力转向别的地方。

消灭不良情绪的五种方法

自我鼓励

遇到挫折的时候，多看一些励志的名人名言，鼓励自己不要气馁，不要只着眼于眼前，更不要沉溺于不良情绪之中。

情绪转移

找点儿其他的事情做，不要时时刻刻想着令自己不开心的事情。失恋法则中说，走出一段感情的最佳方法是“转移”，这种方法也同样适用于不良情绪出现时。

憧憬未来

走出当前的困境，最好的办法就是把视线聚焦于未来。当看到未来的美好时，当前的一切困难都不足以被称为困难了。告诉自己：会好的，一切总会越来越好的！

找人倾诉

找人倾诉是女人心情不好时最适用的方法之一。高晓松与妻子宣布离婚后，他的妻子发表了一份声明，她在声明里说道："最难受的时候，我不断地与身边的人说着我的痛苦，我仿佛把所有这辈子要说的话都在那时说尽了。"如今，她已经从那段失败婚姻带来的痛苦中走了出来。

尽情发泄

不要让不开心堆积在自己的心里，心情实在不好的时候就找个空旷的地方大喊几声，从而使我们的心情平静下来，实在难过的时候不妨哭一场。我们是女人，眼泪是上天赋予我们的礼物，哭是释放负面能量的方法，可以调整心情。哭完再大笑三声，所有烦闷统统不见。

微笑以待，你会看到完全不一样的世界

有一句话是这样说的：微笑是世上最美丽的花儿，女性最能打动人的就是微笑。

一个女人可以不漂亮，但不可以不爱笑。一白可以遮百丑，一笑却可以生百媚。一位世界名模曾经说过："如果今天你出门时忘了化妆，不要害怕，只要你记住时时微笑，你可以比化了妆更美。"

微笑有时是一种能量，它能够感动自己，触动他人。

爱笑的女孩子，运气都不会太差

爱笑的女孩子，运气都不会太差。

在现实生活中，我们常常能听到一个人这样介绍另一个人："她是一个爱笑的女孩子，很开朗，是个很好交往的人。"

有时，微笑在许多人眼中，是很好的敲门砖，也是具备良好素质的表现。一个内心邪恶的人难以有迷人善良的微笑，一个喜欢微笑的人一定拥有

着积极向上的阳光心态，也有着良好的心理素质。

在法国，有一家信誉极好的连锁花店，它的分店开了上千家，它们的老板是一位年逾八十的老妇人。老妇人近来身体越来越不好，花店的事业需要人帮忙打理，可是她膝下并无子女，所以她近期一直在找花店事业的接班人。

她在报纸上刊登了招聘启事，最初并没有说是何职位，只说需要招聘几位卖花的店员。令人动心的是，老妇人开出了极高的薪资。许多女孩都来应聘，上千名应聘者中老妇人挑出一百名适合鲜花销售的女孩。这些女孩有些是长期从事鲜花销售工作，有些则是从花艺学校毕业的，具有专业的相关从业知识，还有一些是并不特别出色，却看起来感觉良好的。

老妇人与这些入围者约了一个时间，把旗下的花店交给这些人分管打理一个星期，而她则在这一个星期内不断走访，了解她们的工作情况。这个比赛制度被公布后，许多女孩欣喜地笑了。因为她们有相当丰富的销售经验，如果是比销售业绩，那么她们必胜无疑。

一个星期过去了，有四个女孩表现格外出色，一位是有十多年销售经验的女人，一位是花卉专业出身的女孩，另外两位则是工作过程中格外热忱的普通女孩。她们从内心到外在表现，都有一种对生活的热爱。

老妇人身体越来越差，医生要求她尽快住院，她必须在最后三天决定由谁接手。这一天她微服私访，发现有销售能力的女人卖花很有技巧，出身专业的女孩则很会精打细算，两位普通女孩都表现不错，唯独其中一位最打动她的心——微笑。

那位二十三岁的普通女孩，脸上无时无刻不在保持微笑，鲜花销售过程中，她面对的无论是衣冠楚楚的医生，还是拾荒寒酸的老人，都在笑，甚至会把即将残败的鲜花免费送给路人。这种以微笑面对生命的态度打动了老妇人，最终，她成为获胜者。

微笑是我们最好的名片

喜欢微笑的女人，她们的笑容总绽放在脸上，她们的心里充满了阳光，虽然她们能力渺小并不一定能够改变世界，但她们的微笑就是自己最好的名片。微笑虽事小，却能够让我们变得开朗向上，能够令我们的周围如春风拂过般温暖，微笑是一笔摸不到的宝贵财富。

每个人都需要常常微笑，因为微笑，让那位普通女孩一下子就区别于众人，也改写了自己的命运。对于老妇人来说，没有经验与专业知识可以慢慢学习，可是微笑以及那种为人处世的态度，却是怎么也学不来的。

微笑能够改变人生，从现在开始微笑

查看百科全书的时候，看到一段对微笑的解释："微笑，是人类最基本的动作，微笑的风采包含了丰富的内涵。微笑在顺境中是对成功的嘉奖，而在逆境里，微笑则是一种对治疗创伤的好方法，能让我们迅速走出伤痛。"

微笑能够改变我们的心情，能令我们在挫折时走出低谷，也能在我们疲惫时，让我们整个人看起来更有精神。

微笑能在我们尴尬的时候，将我们解救出难言的无奈，还能在我们遇到陌生人的时候，拉近人与人之间的距离，让彼此更易于结下善缘。

微笑还能让我们看上去更加自信，容易让人接近，更能一直保持着积极乐观的心态，做事情得心应手。

我们从来没有否认过微笑的作用，但或许一直都没有认真地微笑过。从今天起，告诉自己善用微笑的力量，用微笑赞美生活，改变生活。

微笑以待，我们会看到完全不一样的世界。

魅力与气质永远是女人最好的形象

在西方，有一位名叫雅伯特·马伯蓝比的教授，他提出一条关于形象的法则——“7：38：55”。

这条法则的定义是：在人与人的交往中，别人对我们的整体观感只有7%取决于我们所说的内容；而38%则是取决于我们在说这些话时的神情、笑貌，还有沟通交流的方法等外在表现；而最大的比重——55%竟然取决于我们自身的形象。

依照这条“7：38：55”法则来看，一个人的形象竟然在我们的人际交往中占据着十分重要的位置。

气质与魅力一般缘于良好的教养

一个人是否能够被别人认可，很多时候是从自身形象开始的。两个陌生人开始接触的时候，互相都不了解对方，那么“认可”往往最先是从外表和气质开始的，是否有能力，那是之后才会知道的事情。

在公司，有个女人做事特别靠谱，但不知为何，每一次公司调岗升职都没她的份儿。开始她感觉很是不解与委屈：“每一次做项目，付出最多的是我，起到决定性作用的人也是我，为什么我手下的人升上去了，而我却还在原地踏步？”

大家都很喜欢她，但又不忍告诉她真相——她的形象实在太差了。

一个女人可以长得不漂亮，但她不可以邋遢与平庸，魅力与气质是我们最好的敲门砖。毕竟——不是每个人都可以拥有得天独厚的美丽资本。在现实生活中，我们大多数人长的都是一张平凡的脸孔。

如何才能使我们脱颖而出？

事实证明，不管我们长得好不好看，当我们充满魅力具备独特气质的时候，才会轻易被人记住，被人信任，被人所喜欢。

“你不是没有能力。你不能升职，很大原因是你的形象太差了！”终于有人愿意向她解释，“试问两家公司派出代表谈合同，合作方看到你这个样子，丝毫没有专业感，也没有成熟职业女性该有的魅力，他们要如何相信我们公司？毕竟，不是每个高层决策者都愿意让你拿公司的企业形象冒险。”

她低头看看自己，邋遢的样子，看起来像个平凡中年妇女，其实她今年不过刚满三十岁。

如果没有好的相貌，那就让我们变得有魅力、有气质。有魅力的女人的言行无时无刻不彰显出她们良好的修养。而有气质的女人则总能给人一种具有吸引力的感觉，与气质女人在一起，我们能时时感受到她们的修养与内涵。

气质与魅力一般缘于良好的教养，是经历长时间的教育、受家庭和社会的感染，是不断对个人品德进行提升的效果。女人的气质与魅力并非一天两天就能培养出来的，然而一旦拥有，它们就是我们对外最好的形象。

好的形象，改变我们的一生

汤唯是我国著名的女演员，在接演《色·戒》一片之后声名鹊起，此片成就了她的演戏生涯，也给她带来了褒贬不一的评价。甚至，在批评热潮一拨拨袭来的时候，她迎来了广电总局“封杀”的禁令。

汤唯并没有气馁，而是毅然决定接受一切，她带着拍电影获得的所有酬劳去了国外留学。既然演艺事业无法发展，那么她就充实自己的内心。在国外，汤唯凭借着自己“东方美”的气质韵味，在街头进行艺术表演，为自己挣取酬劳。

汤唯的这种行为传回国内，渐渐打动了国人的心。从一个“脱星”到自立自强的魅力女星，这是一个“质”的改变。

后来“封杀”禁令的风头过去了，汤唯人气居高不下，又有电影导演找上了她。一部《北京遇上西雅图》彻底奠定了她当红女星的地位。

一位著名影评人说：“汤唯身上独特的气质与魅力，是她取得成功的关键性条件。她之所以能够从事业的低谷中走出来，能让观众愿意买她的账，很大原因就是因为她性格中的那些亮点，大家喜欢她的品行。而她的品行又是她气质与魅力养成的土壤。”

“说到底，就是她的气质和魅力，能牢牢吸引住观众，让观众记住了她。”

因为有这样优秀的形象，所以挽救了她遭受滑铁卢般的事业。

培养独特魅力与气质的三个实用建议

我们当下或许还没有养成独属于我们的魅力与气质，但并不代表我们永远不会拥有。魅力与气质是女性可以培养的，只要我们肯努力，定能拥有。

如何培养好的气质？如何才能让我们变得更具魅力？

做一个有高雅爱好的女人。

培养自己做一个拥有高雅爱好的女人，一个好的爱好能让我们在不知不觉中变得有神韵，优雅而动人。所谓以物趣志，陶冶情操。

保持高远志向，永远不要停止学习。

女人不应该是空洞的，无论是心里还是脑里。有梦想的女人才美丽，认真追梦的女人也更有魅力。有向上的人生目标，促使我们不断学习努力，令我们的生活变得更好。善于学习的女人，有朝一日终会拥有丰富的内涵。

相信你就是你的“金字招牌”。

请铭记，无论何时我们的形象就是自己的代言人，哪怕再哀伤、再沮丧，都不要对它疏忽。一个聪明的女人善于用形象为自己加分，内在虽需要注重，但也别忽略了外在气韵的培养。不要让一个欠佳的形象掩盖了我们优秀的内涵。

坚持做到以上这三点，一个完美女性的形象与优雅的气质就在前方等着我们。

任何人都不是十全十美的，但我们可以通过后天的努力，让自己变得更好。

做一个最好的自己，当一个热爱生活的女人，拥有一个智慧的人生。

第九章

解读让女人幸福一生的密码，让你一生幸运

别为了爱情放弃所有

有人说，人这一辈子要有一次说走就走的旅行，还要有一次奋不顾身的爱情。可是，奋不顾身的爱情，就一定会有完美的结局吗？我对此不敢苟同。我认为这句话应该这么说：人这一辈子要能享受说走就走的旅行，还要经营好奋不顾身的爱情。

爱情不是女人的护身符，女人太单纯往往忘记爱自己

在那个大学生不能谈恋爱的年代，发生了这样一件事。

赵晓茹和杜军都是从山村走出来的大学生。他们能考上大学非常不容易。俩人在大学校园里恋爱了。这在当时是绝对不被允许和接受的。他们两个人一直在打游击战般偷偷摸摸地进行着。

杜军生日的时候，晓茹把自己送给了他。当时，杜军信誓旦旦地说要一辈子对晓茹好，一辈子把她捧在手心里。晓茹觉得自己很幸福，她决定这辈子就认定他了。

一个月后，晓茹发现自己怀孕了。当她把这个消息告诉杜军的时候，杜军非常慌张。他让晓茹打掉孩子，晓茹觉得这是他俩爱情的结晶，她决定留下孩子。她觉得留下孩子，就留住了杜军的心。但是，事情并没有想象得那么简单。晓茹的肚子越来越大，这件事情还是被学校知道了。学校找晓茹谈话，让晓茹说出孩子的爸爸是谁。只要说出来，晓茹就能留校察看，如果不说，这种情况下只能退学，没有其他路子。

晓茹找到杜军商量这件事的时候，杜军哭着跪在晓茹面前，他让晓茹千万不要把他说出来。他还保证晓茹退学以后他一定会好好学习，争取毕业后找到好的工作把晓茹接过来。晓茹就这样相信了他。带着还未出生的孩子和一卷行李回到了杜军的家乡。

孩子出生了。晓茹又成了山村里的妹子，她衣着简陋，整日蓬头垢面地带孩子，杜军放假回家的时候，俩人的话已经越来越少了。

杜军本来成绩就很优秀，毕业以后去了一家很好的单位工作。他收入颇丰，衣着光鲜，混迹于各大高档会所。他在工作上非常勤奋，获得了去国外进修的机会。回来以后平步青云，成了企业的中层。

杜军的事业越做越好，跟晓茹的联系也越来越少。晓茹带着孩子来杜军单位找他，发现他和一个衣着得体时髦，画着精致妆容的女人关系很好。他们俩亲热地聊着什么，晓茹进来的时候，杜军怔了怔，连忙向同事们解释，这是他老家的姐姐。晓茹听到以后很伤心。可是她又能做什么呢？

那天晚上，杜军找到她和孩子，给了她一笔钱，让晓茹带着孩子回老家开始自己的新生活。他说，他们俩的世界已经完全不一样了，已经没有办法再在一起了。晓茹哭着求他不要抛弃她和孩子，她讲了好多自己这些年一个人带孩子的不容易。杜军冷冷地说，我们都已经回不去了，已经没有可能在一起。他让晓茹不要再来打扰他的生活。他告诉晓茹，他已经和那个画着精致妆容的女孩结婚了，那个女孩是老总的女儿。他让晓茹不要再来找他，说完头也不回地走了。

晓茹如果当初没有把自己送给杜军，没怀孕呢？她一定能顺利地大学毕业，以她的成绩也会有一份光鲜的工作。可是现在她还有什么呢？**女人可以有爱情，可以全心全意地去爱，也可以爱得死去活来，但是，一定不能丢了自己。很多女人都太单纯了，都忘了只有自己爱自己，男人才可能爱她。**

女人不是付出越多就越能拴住男人

单纯的女人，会把最好的留给男人，自己用舍不得，男人用就很大方；单纯的女人一切都围绕男人转，男人就是天，就是一切；单纯的女人会舍弃自己的权利去保证男人的需求。

肯定会有越来越多在爱情中受伤的女人发出这样的疑问：为什么自己付出得越多，反而越拴不住男人？

其实答案很显然，只是被爱遮住双眼的女人没有意识到：一厢情愿地付出，不仅会让自己迷失在恋爱的虚幻里，更多时候，看似全心全意的付出，其实会变成无形的压力。当对方不能承受这负担的时候，自然就会选择离你而去。

而且，很多时候，我们在为了爱情不断牺牲的过程中，渐渐地失去了自我。粉身碎骨之后，变成一个守着爱情的平庸之辈，沉浸在爱情的患得患失中不能自拔。一味地以自己的付出来成就恋人，而忘记了善待自己。**当你失去了自己原本拥有的独立自信的光彩后，爱情也会随之离你而去**。

女孩不要因为付出，而让自己没了底气。你爱他，更要爱自己。这样别人就容易看到你的魅力，会称赞你，你会从这些赞扬中得到更多的自信，你也就会活得越发光彩，永远保持对生活的热情。这是个良性循环。

不要再说“我爱你胜过爱自己”之类的傻话。更不要认为爱就是大无畏的“付出”。女人的智慧在于对他永远存在吸引力，这种吸引力不是来自付出，而是源自对自己的重视和爱。

亦舒曾说过：“要牺牲太多的爱情也就不是真的爱情。视他如一个在晨曦中消逝的梦好了。”

想要拴住男人，恋爱中的女人更应该保持理智和自我，即使义无反顾地爱上了一个人，也要时刻谨记不是付出越多，就越能拴住男人的道理。否则，他必然会习惯于你的纵容，无视你的付出，甚至开始轻视你、不尊重你、怠慢你。到那时，他离开你，恐怕就是无可挽回的定局了。

女人千万不要爱一个人爱得浑然忘却自我，那样全身心的爱只应该出现在小说里，这个社会越来越不欢迎不顾一切的爱。虽然爱情需要付出，但一定要有度。尤其是女人，妄想用付出来拴住男人的心，结果得到的只能是离弃和伤害。希望女孩们都能明白，**只有理智的恋爱，适当的付出和索取，才是对待爱情应有的态度**。

单方付出很可怕，爱他也要让他爱自己

单纯的女人结了婚，往往把一颗心交给一个男人，她极容易毫不保留地将自己的全部柔情奉献出来，沉醉在爱情的甜蜜中不能自拔。女人的幸福把自己给淹没了，她的爱也把男人给淹没了。在这种包含着母爱成分的柔情的包围下，男人真的就退化成了一个不懂事的孩子，脾气粗暴，不讲道理，这是女人们始料未及的。

付出爱更要索取爱

一对小两口生过孩子后，开始了分床而居的生活。白天工作疲惫，晚上应付孩子，渐渐地两人之间的话越来越少。

“我有个郑重的要求。”女人首先意识到了他们之间潜伏的危机，一天，她对男人说。

“什么要求？”男人漫不经心地问。

“每天给我一个吻。”

男人看了女人一眼，笑了：“有必要吗？”

“我提出了这个要求，就证明十分有必要。你发出了这个疑问，就证明更有必要。”

“情在心里，何必表达。”

“当初你要是不表达，我们就不可能结婚。”

“当初是谈恋爱，现在结婚了，都有孩子了，没有那个必要了。”

“怎么会没有必要呢？除非你不爱我了。”

女人的眼泪吧嗒吧嗒像断了线的珠子落了下来，男人最怕女人掉眼泪了，他马上妥协说：“好，我答应你，别哭了。”说着走到床前给了女人一个吻。

女人这才破涕为笑。

此后，男人每天都会在女人的提醒下，给她一个吻，渐渐地男人也就习惯了。每当两人之间有了什么不愉快，都会因为这个吻而化解。渐渐地，两人的关系充满了一种新的和谐。

终于有一天，女人要去另外一个城市长期进修。临上火车前，她对他说：“你终于暂时解脱了。”

“我怕我会怀念这个任务呢。”果然，她到那个城市的第二天就接到了他的电话。他说：“爱的任务是幸福的任务，我现在明白了。”男人的声音在电话里异常温存。

女人的眼睛湿润了，她听到他又说：“以后，每天我都要打一个一分钟的电话给你，把我的吻在电话里传给你。”

女人的泪珠终于滑出了眼眶，可是，没有人知道她的心里是多么甜蜜和欣慰。后来，有人羡慕地问她说：“结婚这么多年了，怎么还能这么热乎？”她都会笑着说：“因为我们有爱的任务。”

壶里的水热不热，只和炉里的煤存得足不足、火燃得旺不旺有关系，只要煤足火旺，时间越长越会是一种有效的催热剂。当然，还在于烧水的人是否用心在烧这壶浪漫的水。

不要让男人失去爱的能力

对于相爱的男女来说，激情飞越之后的婚姻变得质朴是常有的事。人们常常以“平淡是真”为借口，回避对感情的麻木和粗糙，却不明白，如果我们像习惯忽略爱情那样，习惯去经营爱情，爱情就绝对不会冷却了。

否则，只是一味地付出，就会宠坏对方，让丈夫觉得你的爱是理所当然的。爱情到底不是亲情，可以接受得那么理所当然。即使是亲情，尚且是“养儿防老”，是需要回报的。爱情呢？也不可能是一个人的独角戏。当丈夫开始对你颐指气使时，当你尽心尽力地付出连一句感谢甚至一个微笑都换不来时，相信你的心里一定不会再有甜蜜。

婚姻也好，爱情也罢，总是相互计较谁付出得更多当然不能长久，但也不能总是一个人默默付出，所有的感情必须是以平等为前提的。即使是做个专职太太，也别让他对你的爱视而不见，这样的感情同样不会长久。

最重要的就是，**女人要明白，爱是一种能力，长久不用就会作废**。**你在付出真爱的同时，还得有意识地培养他爱你的习惯**。在你疲惫的时候，让他给你冲杯茶，让他知道你也很辛苦；在你生病的时候，让他陪你去医院，让他知道你在承受着病痛，也需要人照顾；选择他空闲的时候，让他和你一起打扫房间，或者做做饭，让他理解和体会你的辛苦。总之，你要让他养成关心你、体贴你的习惯和意识。

生活中，常听女人这样抱怨：“我家的那位太懒了，什么都不做，结婚这么长时间，厨房里的油盐酱醋放哪儿都不知道”，“我家那位太自私了！

我生病了，他都不知道给我弄点儿药，晚上还和朋友出去玩到半夜才回来。嫁给他，我算倒了八辈子的霉了”。这些满腹牢骚的女人不知道，男人不好，并不都是他们的错，许多时候是你把他宠坏了，是你从来都不懂得“索取”爱。

你爱他，也要让他爱你，婚姻毕竟和恋爱是不一样的。爱可以排斥理性，但生活一定要有理性。女人的爱最容易忘我，迷失自己。清醒一点儿吧，**千万不要一边抱怨丈夫，一边又娇惯丈夫。把握住爱的尺寸，做一个能驾驭自己感情烈马的好骑手，才能在温馨的感情世界里尽享做女人的快乐甜蜜，才能赢得丈夫的百般宠爱。**

不在人前给老公“下马威”

无数单纯的女性都喜欢用丈夫对自己有多顺从来衡量自己在丈夫心里的地位与重要性，甚至用此来衡量丈夫爱自己的程度。没有一个男人不在乎他的尊严和面子，如果你在他的朋友面前肆无忌惮地训他，他是绝不会吃你那一套的。所以，一定要记住：女人的管教只适合只有你和他，而没有其他人在的场合。

不给男人面子，后果很严重

一天傍晚，在大马路上，许多人围观一对夫妇的争吵。女人十分强硬地要求男的马上回家，男人执意不肯，像是僵持了很久。

刚好有男人的同事路过，见此情景，便上前轻轻地跟他讲：“马路上，影响不好，走吧。”这时男人才让了步，对妻子说：“回家！”一场闹剧这才闭了幕。

第二天，刚一到公司，男人便找到那个劝他的同事，嘱咐他说：“昨天晚上的事情，千万不要声张出去。”

可同事们还是很快就知道了他们夫妻不和的事，并不是同事说漏了嘴，而是一连几天男人的妻子为了显示自己的威风，都到单位来闹。有一次还踢坏了办公室的门，闹得单位报了警。

最后的结局是，男人毅然决然地和妻子离了婚。事情闹到这个地步，是女人始料未及的。女人想不通为什么男人平时都百依百顺的，忽然就不要自己了。

可能大家会想，那个男人是不是做了什么对不起女人的事。其实，事情很简单。男人只是回家晚了一些，女人便开始不依不饶起来，把事情闹到不可收拾的地步。

这个女人的失败之处，就在于不懂男人的心理。男人为什么会在同事的一句规劝之下就乖乖回了家？又为什么嘱咐同事不要声张？说到底，是因为面子问题。而女人却没有意识到这一点，非得闹得男人丢尽了颜面，最终落得被抛弃的地步。

给男人面子，男人才能给女人面子

“面子”从来都被男人们视如生命，就算是那些在家中毫无地位可言的男人，一出现在他人面前也都要充当男子汉。从来没有听说过哪个男人在外面对人说自己在家里事无巨细都要听从妻子的，因为，那样会有损他做男人的尊严。

但是，在现实生活中，男人的这种心理对于有些妻子来说都是从未考虑过的，有的时候，她们会自觉不自觉地把只有夫妻单独在一起时的那种颐指气使的威风带到公共社交场合当中来，用以显示自己在家庭地位中的权威性和对丈夫的绝对管束，并以此为荣，而并没有意识到这样做的负作用的严重性。

妻子这样做的直接结果一般会有两种：一是使丈夫感到很尴尬，很狼狈，让丈夫威信扫地，以至于使其成为社交场合中被人嘲笑的对象；二是使丈夫对妻子产生反感，对妻子的这种行为甚至是其他行为采取抵抗的做法，这样的行为甚至会成为家庭矛盾的导火索。总之，不管哪种情况，结果都是不好的。

男人可以容忍自己的妻子在家中对自己呼来喝去大多是出于对妻子的爱，但没有哪个男人会宠爱一个从来不知道给自己留一点儿面子的女人。**如果想要做一个好命的妻子就要记住当众蔑视丈夫的做法是一种多么愚蠢的行为。特别是在有外人在场的时候，愚蠢的妻子已经习惯了对丈夫颐指气使，根本不管不顾，结果严重损害了丈夫的自尊心**。比如，有的女人会当着客人的面指使丈夫说："去，给我把拖鞋拿来！"这就把丈夫搞得很为难：不拿吧，怕得罪妻子，因为平时妻子就是这样指使自己的；去拿吧，在客人面前显然有些丢面子。这种做法把丈夫推到了一个尴尬两难的境地。而一个聪明的女人却懂得给足丈夫面子，能够把握这种分寸也可以说是一种艺术。

丈夫的服帖，自己在家里享受就可以了，没必要炫耀给外人看。没有几个人会羡慕你的幸福，也不会夸奖你教导有方，只会暗暗地同情你的丈夫怎么会娶了你这么一个"母老虎"。

只有在外给丈夫留足了面子，大家才会欣赏你的"识大体"，丈夫也才会更加爱你。

和婆婆相处，做好自己就好

天下的母亲，对儿子或多或少都有占有欲。所以，你嫁到婆家时，婆婆会因为你的加入而深感不适，因为她辛苦生下又一手带大、倾注了无数心血的儿子，从此以后就要从她的身边离开，去跟另外一个女人共同经营一个新的家庭了。这件事情让她一下子无法接受，她不愿意儿子突然把爱转移到另外一个女人身上。

做好自己就OK，不用做婆婆理想中的“完美儿媳”

当你初来乍到时，婆婆很可能会用一种挑剔的眼光看你，有时甚至会对你指手画脚，要求你这样做，那样做，总之做得要让她顺眼顺心。此时你不必和婆婆计较，因为她的心思全在自己的儿子身上，她不会像你自己的妈妈那样去包容你的一切。**你只需理解婆婆的心情，没必要为了她的心理感受而刻意地改变自己的一切习惯甚至是个性，就算你一味地按她的想法去做她的“乖”儿媳，也未必能得到婆婆的认可。此时你不如依然坦坦荡荡地做你**

自己，保留自己的个性、做事风格，并真心爱你的婆婆，相信她同样能感觉到。

只有思想和人格独立的人，才会受到别人的尊重。你在嫁入婆家之后，有些事情难免会受到婆婆的影响，可是作为一个新时代的女性，你一定要有自己的主见。如果你能在全心照顾丈夫之余，坚持自己的主见，“我要有我自己的事业，这样才会彰显我的价值”，那么当你取得事业上的成功时，婆婆也一定会为你的成功而高兴，会认为自己的儿子娶了个让人骄傲的好媳妇，此时她的脸上也会有光。当你用自己赚来的钱孝顺婆婆的时候，她会有一种受到尊重和关怀的感觉，这样你们的婆媳关系自然会越处越融洽。也许你的婆婆看不惯你有那么多的异性朋友，时不时地会唠叨一下。如果你只是为了让婆婆安心，而放弃这些朋友，以至于生活圈子最后局限在你的家庭中，那么你很可能会因为没有了自己的交际圈而变得不那么优秀。当你渐渐变成黄脸婆，也很可能会因此失去老公的疼爱。如果连老公都不疼爱你的话，那婆婆还会把你放在眼里吗？或者你一味地听婆婆的话，她为了省钱不让你买化妆品你就不买了，那么你的美丽多少会打折，这可是你赢得老公宠爱的一个资本，怎么能因为婆婆的观念而丢掉呢？你的婆婆看到你包揽了所有的家务，她才会开心，如果你真的照做了，那你到底是做家务照顾她儿子的保姆，还是一个充满魅力的妻子呢？

其实就算你完全按照婆婆希望的方式去行事，也未必能够获得婆婆的认可。毕竟，你不是她的亲闺女，很难得到婆婆对小姑子的那般疼爱，而且你的丈夫也不会喜欢一个完全听命于别人，即使是他的亲妈，而没有自己主见的女人。所以，在与婆婆相处的过程中，你一定要保持自我的本真，不要做她希望的应声虫。

再不乐意的事，也要微笑着处理

要处理好和婆婆的关系，笑，在很多时候是一把很锐利的武器。其实，很多时候，你跟婆婆的争吵也并不是因为什么大事，就是日常生活中一些鸡毛蒜皮的小事，那么，作为晚辈，让一让她又何妨？**除了微笑，脸上不要表现出任何其他不满的表情。面对她的挑剔，她的指责，她的刁难，你通通以微笑来回答，用你的微笑来浇灭她的怒火。你都不跟她计较了，那么她还会计较到哪里去？**还不是会自动“休战”？

即使婆婆再好，她也不会像你自己的妈妈一样无限度地迁就你，也不会像老公一样无限度地忍让你。你把自己在外面受的委屈、遇到的糟糕事情，都转嫁到婆婆身上，结果只会破坏你跟婆婆的关系。长此以往，你跟婆婆的关系就会变得难以修补，整个家庭的和谐也就会因此消失。

豆豆在一家不错的投资公司上班，但由于经济危机，单位裁人，豆豆下岗了。下岗之后的豆豆拿着自己和老公这几年的积蓄，开了家服装店。但是，由于豆豆没有进货经验，进的货不仅贵，而且也不符合市场潮流，因此不到半年，豆豆的服装店就被迫关门了。豆豆赔了个血本无归，她开始自暴自弃，每天只在家里睡觉，对家人也爱答不理的。老公多次安慰、劝说、鼓励她，也不奏效。婆婆看在眼里，疼在心里，却也不知道该怎么办，问她，她不说，劝她，她不理。最后婆婆问急了，豆豆就朝着婆婆发脾气、摔东西，弄得家里人心惶惶，谁也不敢再跟豆豆说话。

刚开始，婆婆还体谅豆豆心情不好，迁就她。但是，随着豆豆的愈发过分，婆婆觉得没有理由太过迁就豆豆，本来就不是家里人欠她的嘛。于是，婆婆跟豆豆就跟那针尖对麦芒一样，谁也不让谁。整个家就像是一个战场，豆豆的老公夹在中间，说谁也不好，下班了也不想回家。

假如你的情绪真的很糟糕，回到家，婆婆问起，就算你不想说也不要一口回绝，不妨给她一个疲惫的微笑，告诉她："妈，也没什么事儿，我很累，想先休息一下，回头再跟您说，可以吗？"媳妇无奈且疲惫的微笑，是激起她怜惜的最好武器。此时，她肯定不会对你追问个不停，而是会让你先好好休息。

是用一个微笑"挡"住婆婆的嘴、激发她的怜惜之心，还是在她不断追问、你打死不说中引发矛盾呢？大家应该都有了自己的答案。

自己不想纠缠的事，幽默地处理掉

媳妇和婆婆，本来都爱着同一个人，相互之间的"争风吃醋"也好，暗地较劲也罢，都会让做儿子的很难受。有些事情，太纠缠了反而会把关系搞砸，不如适当地装装傻，不要跟婆婆对着干。

彭彭回家以后，婆婆正嘟嘟囔囔地说她没收拾房间，脏衣服堆了一堆。彭彭本来想跟她说两句，又一想，何必较真呢？老公不挑自己就得了，何必对婆婆要求那么高？

她想到这里，就换了一副笑嘻嘻的表情："妈，我要是太勤快了，怎么能显出您的能干呢？你看，大鹏的臭袜子都等您等了好几天了，它们说只有您洗得最干净啦。"婆婆听到媳妇这样说，一点儿都不好发作，只能埋头整理家务去。

其实，有时候婆婆的挑剔更多的是对儿子婚后理想生活的幻觉。她们总觉得儿子那么优秀，就一定能娶一个优秀的儿媳妇回来。可是，人无完人，她们只看见媳妇的缺点，很少注意媳妇的优点，带着这样的心情和媳妇接触，肯定不会让双方都高兴的。但是，媳妇聪明一点儿的话，哄哄婆婆，幽默地处理这些事情，就一定会有一个好的婆媳关系。

别让自己活得太累

女人累，主要是心累。心累是致命的，于是，有人累倒了，更多的人是疲倦了。工作疲倦，便不思进取，得过且过，庸庸碌碌一生；爱情疲倦，那就连带着一切都疲倦了，热情没有了，整个人就倒下了。心累，需要一个出口，去释放不满，排出消极。所以，现在流行一个词：减压。为帮助女性减压，有人提出了“不完美”的观点。

对自己，对爱人都不要要求太高

不要对自己要求太高。每个人都有自己的抱负，有些人把自己的抱负定得太高，根本非能力所及，于是终日郁郁寡欢；有些人做事要求十全十美，对自己近乎吹毛求疵，往往因为小小的瑕疵而自责，结果受害者还是他们自己。正确的是把目标要求定在自己能力范围之内，差不多就行了，要懂得欣赏自己已取得的成就，不要太在意别人对自己的评价，自然会心情舒畅。

不要对丈夫要求太高。聪明女人不会要求男人十全十美，而且知道在婚姻中最重要的东西是什么。因此，聪明女人从不苛求男人。

（1）不要盯住他的钱袋不放。虽然财政大权由你掌管，但是男人也不喜欢只看重他们口袋里的钱的女人。所以尽管人人都知道钱是好东西，也应该稍加掩饰，不然的话，即便你每日为了柴米油盐辛苦忙碌，也得不到他的好脸色，自己的心情也不会好。

（2）不要盯住他的事业不放。男人的工作再不好也是他的事业，一份工作的好坏只有他自己才能评说，即使薪酬达不到你的要求，也不要整天在他耳边唠叨，那样只会令他心烦，影响双方感情。

（3）不要盯住他的缺点不放。谁都希望自己完美无瑕，但这世界上根本就没有完美的人，所以也不要苛求他完美无缺，要包容一些他的缺点，多表扬一下他的优点，也许这样他才会甘心情愿地为你洗衣服、拖地、收拾屋子。

不要过分坚持，找好事业和家庭的支点

做大事的人处事总是从大处着眼，眼光长远，只有一些无见识的人才会揪住小事不放。因此，只要大前提不受影响，在小处有时不必过分坚持，以减少自己的烦恼。

女人在婚后才真正进入角色，不再是可以任性的女孩，也会更积极地谋求事业上的成就，但是家庭本身会让女人多了很多牵挂，难免会分心。

另外，公司要求员工必须敬业，工作繁忙，两方面都需要女人花费更多的精力。不同角色的冲突所产生的矛盾，必然会在女人心中形成巨大的阴影。

可以说事业与家庭的矛盾自从女人走入婚姻就已经开始。处理这个矛盾一定要有足够的智慧，既要照顾家庭的需求，安定自己的大后方，也要为事

业留下足够的时间和精力。毕竟，只有独立的事业才有独立的经济基础，才会有独立的人格。

有些女人心理不平衡，完全是因为她们在各个方面都要与别人竞争，使自己经常处于紧张状态。其实人与人之间的相处，应该以和为贵，只要你不把人家看成对手，人家自然也不会与你为敌。

不被情绪所困，放飞自己

人在生气时，会失去常态，而且变得陌生和可怕。与其事后后悔，不如事前加以控制，把愤怒发泄到其他事情上，如打球或唱歌；如果功力深厚，可以利用一下“阿Q精神”，抱着笑骂由人的态度，愤怒情绪自可抛诸九霄云外。

帮助别人不但可以使自己忘却烦恼，还可以确定自己的存在价值，更可以获得珍贵的友谊，一举两得，何乐而不为呢？

在生活或工作中受到挫折时，应该将烦心事暂时放下，去做一些你喜欢的事，如运动、健身、爬山、睡觉和看电影等，等到心情平静时，再重新面对自己的难题，也许你的思路就会清晰起来，问题也就迎刃而解了。

和老公相处，享受平淡还要能控制战争升级

单纯的女人往往对生活中的事情过于较真。其实，对生活中的一些小事，不必认真计较。从心理学角度看，对无原则性、不中听的话或看不惯的事，装作没听见、没看见或随听、随看、随忘，这种糊涂处世的做法，不仅是大智若愚的表现，亦是夫妻和睦的秘诀。

夫妻间有时也要装糊涂

在夫妻生活中如何才能做到“糊涂”呢？

对小事不要斤斤计较

不要过于注重生活琐事，不要求全责备，居家过日子每天都要遇到一些大事或小事，因此生活中的种种矛盾很难避免。如果遇到事情夫妻之间总是斤斤计较，非要弄个谁是谁非，硬要讨个“说法”，这种较真的结果就只会带来烦恼和忧愁。久而久之，不利于身心健康。特别是作为丈夫，作为男人就更不应该在小事上斤斤计较。有的男人，在妻子买回东西后，问得特别

仔细：菜多少钱一斤，河西买是五毛钱，河东买是四毛五；单位出差和谁一起去，去几天，都去哪，怎么去；等等。同样，有的妻子也对男人买回的东西评头论足，这东西你买贵了，或者是质量上有问题，你就没好好挑挑，等等。这些事都是有违糊涂法则的。

让自己具有宽广的胸怀

要胸怀宽广，也就是要宽容大度。胸襟开阔、宽容大度表明一个人的自我修养，表明这个人明白事理，宽以待人。居家过日子往往会遇到许多不顺心的事。比如，男人的一位朋友急需用钱，男人把钱借给了朋友。如果妻子是个小心眼，知道后就会琢磨，他背着我借钱给别人，有第一次就会有第二次，这次告诉了我，可能下次就瞒着我。如果妻子光琢磨借钱这一件事还好，如果琢磨着琢磨着就往其他方面瞎琢磨了。如他不信任我了，他不是把钱借给人而是送给了人，借他钱的是男还是女，平常让他拿出点儿钱都挺难的，怎么借给别人钱却挺大方，等等。这就是我们平常所说的小心眼，钻牛角尖。遇到这样的人就不要和她计较。

在家庭中宽宏大量的男人，能够使家庭化险为夷。比如，妻子的特点是说归说，做是做，妻子每天做家务，心里觉得不平衡，难免嘴里要唠叨几句，发发牢骚。对此，男人不要计较，拿出“宰相肚里能撑船”的气量或开开玩笑。与宽宏大量的男人一起生活，妻子会更放心，没有后顾之忧。

一位哲学家说过，一个宽宏大量的人，他的爱心往往多于怨恨，他乐观、愉快、豁达、忍让，而不悲伤、消沉、焦躁、恼怒。他对自己伴侣和亲友的不足处，能以爱心劝慰，晓之以理，动之以情，使听者动心、遵从，这样，他们之间就不会存在感情上的隔阂、行动上的对立、心理上的怨恨。

夫妻之间一定要把握好“大事清楚，小事糊涂”的原则，这样才不至于被许多小事分散精力，才能营造融洽的家庭氛围。

要知道，婚姻也有疲惫期

生活的一成不变有的时候会让人厌烦。结婚时间长了，有的人感到婚姻如一碗白开水，无滋无味。此时，婚姻就步入了平淡期。一般来说，平淡期的到来有下面几个原因。

协调性、同步性、差异化加大

速度的差距使得双方的机遇与背景大相径庭，各异的情景演绎出不同的心情故事。表现为懒得说话，互相指责，不再欣赏，瘙痒之蛊，凡此种种。

压力大了，包容度少了，磨合变得越来越艰涩

身处竞争社会，性格独立，强调自我发展，自恋意识相当顽强，压力大时，关注细节的余地小了，不愿意去寻找机会梳理没有打开的心结，与对方坦诚沟通。反映到婚姻中，容易让人变得易怒与偏执，缺少了磨合的耐心和忍受力。

经济独立使搭伴过日子的模式成为历史

从经济独立这一点来说，减少了双方共同奋斗的目的性，模糊了家庭的责任感。但这同时却让各自有了独立生存的能力和意识，婚姻不再被当成避风港。离婚率的提高使得人们对婚姻的稳固性产生越来越深的怀疑，从而动摇了捍卫家庭的理念，心有芥蒂，不痒也就难了。

对男人的期望值过高

女人经济的独立和视觉的开阔使得她们更注重自己在婚姻生活中的真实感受，开始追求精神和物质的双重质感。这包括吃穿住行的高品质与生活质量的新格调，自然也就对男人有了过高的期望，太娇惯自己，指望男人事无巨细包揽一切，却不懂得自己应该懂得包容与忍让。假如这个男人偏偏也曾是个衣来伸手的小皇帝，婚姻之痒的提前来临似乎也就必然了。

外界精彩世界的诱惑，相继患上“爱的失语症”

满天飞舞着现成的手机短信，礼品套盒上也将甜言蜜语堆砌如山，造成公式化的爱语泛滥，爱心变得不再真诚无价。网恋、一夜情成了爱情快餐的当家菜，总会让人有尝尝鲜的冲动，而家里的爱人，则成了三年的回锅菜。只有解饱之功，并无回味之能，相比之下，自然觉得乏味，看看就厌了，自然生痒。

同居让人提早进入“准婚姻状态”

由于没有法律的保护，同居者不能像进入婚姻一样把逐渐减少的爱情和热情转化为亲情；相反，同居只会让人们知道爱情步入婚姻后有着怎样一副不堪的面孔。恋爱的风花雪月过早地被生活的一地鸡毛代替，这使得真正进入婚姻后爱与亲情的感情融合速度变慢，婚姻生活越来越平淡，这成为“七年之痒”提前来临的催化剂。

以上六个原因是导致婚姻生活疲惫的主要原因。如果想让婚姻生活像新婚那样甜蜜，我们不妨从上面几点来审视自己的生活。其实，**换一种思想看问题，也许能让我们快乐地过平淡生活，那就是把平淡看成一种真实，并且享受平淡生活**。

女人要修复裂痕，改善夫妻关系

当婚姻出现危机以后，单纯的女人往往手足无措。事实上，两个人在一起生活久了，难免会有摩擦，很多时候，夫妻双方都要对婚姻出现危机负责。当出现危机时，双方要努力化解矛盾，使婚姻重回正轨。

夫妻间的裂痕都有什么

很多人认为，夫妻吵架是平常之事，不值得大惊小怪。可是有一点要提醒你注意：夫妻感情的裂痕就是在这一次次吵闹中形成的。那么哪些问题容易造成夫妻间的裂痕呢？具体体现在以下几个方面。

固执己见，各不相让

夫妻双方在性格上的不相容，也是使双方感情出现危机的一个因素。结婚之后，夫妻双方面临实实在在的生活。由于在婚前，他们自己所处的环境、地位、文化修养、思想素质等方面的不同，他们的性格、脾气、禀性也就不同。面对同一件事情，便会有各自不同的处理方法。如果夫妇双方都固执己见，各不相让，就会发生争吵，久而久之，这种性格上的不相容，便会导致各种矛盾的产生，并逐步由相互不满演变成感情上的裂痕。

伤害对方的自尊

这是很伤感情的。生活中，每个人都有自己的短处，它包括失意、挫折、自身的毛病等，这些不尽如人意的往事是最怕别人揭开的。然而，在夫妻争吵时，由于一方想压倒另一方，他们会想尽一切办法使对方“精神崩溃”，其中包括揭对方的短处。这种做法虽使揭短者一时解气、痛快了，却大大伤害了对方的自尊心。可想而知，夫妻感情的裂痕也将由此出现。

跟爱人撒谎

这种说谎分善意和不信任两种。出于善意的说谎是怕伤害对方的感情或造成对方的心理压力，而隐瞒事实真相；另一种说谎是对对方不信任，怕对方事前阻止或事后指责。如果说前者是出于爱心的话，那么后者是最容易引起对方不快和伤感的事。

听信流言蜚语

这也是对对方不信任的表现。如果你和你的配偶十分相爱，你了解他的为人，钦佩他的品德，那么，当有关配偶的谣言传入你的耳中时，你就会泰然自若。因为你了解他，相信他，知道对方不会做伤害双方感情的事。相反，对外界的谣言、传闻，你不做任何分析便信以为真，并对配偶兴师问罪，那么，双方的争吵便由此开始，裂痕也便由此开始了。

夫妻之间的感情裂痕往往会发展为家庭悲剧。为了避免家庭悲剧的发生，夫妻双方除了要努力修复裂痕以外，还应注意加强各自的思想修养，把夫妻间的矛盾消灭在萌芽状态，让和谐、幸福成为家庭的主旋律。

婚后夫妻双方应保持适当的距离

结婚之后，夫妻间应保持一种恰当的距离。莎士比亚有句名言：**“最甜的蜜糖，可以使味觉麻木，不太热烈的爱情才能维持久远**。”不太热烈就是说要在亲密的同时，保持一定的距离，即要亲密有间。一对夫妻，天天厮守在一起，重复着同一套生活模式，难免不生出厌倦乏味的感觉。正如赫尔岑所说：“人们在一起生活太密切，彼此之间太亲近，看得太仔细、太露骨，就会不知不觉地、一瓣一瓣地摘去那些用诗歌和娇媚簇拥着个性所组成的花环上的所有花朵。”**适当的分离，有利于保持夫妻间的神秘感和新鲜感**。我国自古就有“小别胜新婚”的说法。现在，有人提倡夫妻分床睡觉，既有利于休息，又会使夫妻双方保持各自魅力，让相互的爱情在若即若离、不冷不热中久远维持。而国外的一些专家也发表了自己的观点，认为每周见一次面的夫妻感情最好，关系最稳定。

有些道理大家都明白：大桥桥面的某些连结处要留缝隙，否则由于热胀冷缩的作用，桥就会挤裂。热水瓶装热水，如果装得过满，反而不利于保温。夫妻之间若是一点“缝隙”都不留，反而不利于“感情保温”，迟早要“挤裂”的。

对于大多数夫妻来讲，要保持距离并不难，难的往往是要保持多大的距离，这一点人们不是很确定。**保持心理距离，就是让夫妻保持各自个性上的闪光点。让夫妻各自保留心中的一块自由活动的绿地，谁也不要试图挖空心思地去改造对方，而是要设法适应对方，让对方有独立的人格、独特的个性和适度的自由的生活圈**。

当然，夫妻间保持的这个距离不应太远。那么，究竟保持在什么样的程度呢？有个作家说过：“当我痛苦或迷惘时，不要让我牵不到你的手。”那就离开她一点儿距离，但别让她牵不到你的手。

婚姻不需要沉默

男女双方在结婚前经常有说不完的话，每时每刻在一起似乎都觉得不够，但当结婚组成家庭后，亲密的话不知不觉变得越来越少，夫妻之间似乎变得没话可说了，语言简练到令人吃惊的地步：“饭做好了吗？”“孩子衣服脏了！”“该睡觉了。”调查研究发现，许多男人认为：一旦成为夫妻，就是自家人了，她爱我，我爱他，这谁心里都明白，没有必要唠唠叨叨地说出来。作为夫妻，她做她应该做的，我尽我的责任，两人又何必客套，显得假惺惺的。再说，恋爱时都是年轻人，“我爱你”“我离不开你”之类的话，婚后的夫妻再说出来，也怪不自在的。

持这种想法和态度的大有人在，在这种观念支配下，许多男人结婚后似乎就忘记了自己婚前曾经对妻子说过的亲密话，似乎也忘了自己会说这种话，夫妻之间近乎冷漠到寡情的地步。专家称这样的夫妻为“爱情聋哑症”患者。真正的男人应该是：既懂大义，又明细情；既有七情六欲，又会适当地进行表达。那种缺乏温情的、冷酷的男人，实际上是心理不健康的人。

夫妻间的情话不能少。经常说情话可以增强夫妻沟通，一方说句笑话，或开一个玩笑，一下子就使气氛活跃起来；亲热一下，说一句温柔体贴的话，立即就能唤起对方心底的春潮；一句抱歉和亲切的抚慰，立刻化解了对方的怨气；争论不休的问题，却因一句甜蜜的情话和温柔的爱抚而变得心平气和。

情话会产生奇妙的动力，处于冷战中的夫妻不妨试一试，肯定能使对方和自己都感到幸福！你们的生活亦会从此变得可爱起来。

婚姻生活不可能每天都美好如初，天下没有不吵架的夫妻，尤其婚姻到了一定的年限，彼此在一起待得久了，大家都不愿意再刻意掩饰缺点，吵架就成了家常便饭。

吵架刚开始时一方一定要忍耐，没有耐心是不会有幸福的婚姻生活的。夫妻矛盾是很平常的，但处理时不一定要“气壮山河”，只要在矛盾没有激化前先忍耐一下，许多矛盾自会化解，生活会变得更加意味深长。

委婉表达自己的意思

委婉是一种颇有奇效的黏合剂。委婉是一种以坦诚开放的沟通来对待对方的方式，同时，也尊重他人的感受，不做无谓的伤害。委婉意味着依赖他人，尊重他人的感受。委婉有三大要素：一是诚恳与信赖；二是意识到或注意到他人的感觉，并且给予相当的重视；三是不利用人，占别人的便宜，而是对人关怀与体贴。

在夫妻生活中怎样做到委婉相待呢？

说话不要粗声粗气

说话粗声粗气起码有三个害处：一是损害对方对自我的看法，认为自己是不受欢迎的人；二是使受侮辱的人感到愤怒；三是证明你是个粗鲁无礼的人。

态度要诚恳

委婉不是“虚假的骄傲”，委婉要求夫妻双方都要心悦诚服地接受自己的缺点，不辩驳自己对问题该负的责任。委婉的态度，就是诚恳的态度，就是要诚恳地接受对方的意见，诚恳地承认自己的错误，诚恳地向对方道歉。

善于表达情感

夫妻之间不要刻意掩饰感情本身。有人误认为委婉便是虚伪或压抑感情，其实委婉完全不涉及爱情的掩饰和压抑。只有借助于委婉的表白和诚挚的态度关怀体贴对方，才能建立真正亲密的关系。

你要求别人如何对你说话，你就应如何对别人说话

这是学会委婉的一条根本原则，离开这条原则，委婉便成为一种摆设。

委婉也不等于夸张地认错

夫妻在争论中，常常可以听到一方说：“好啦，都是我一个人的错！”这种不分是非的态度，不是委婉的态度，而是一种圆滑的态度，这种态度并不能改善夫妻关系。

最后，夫妻间的任何一方在做出某一决定或提出某种要求时，最好能解释原因，这样好让对方明白自己的心意，避免发生不愉快的事情。

不要让压力摧毁了你的生活

有句话概括得很好：这个世界有太多的欲望，也就有了太多的欲望满足不了的痛苦。因为有欲望，所以有压力，无论这些欲望是一种身体上的欲望还是精神上、心灵上的欲望，都会让自己背上重重的负担。单纯的女人喜欢钻牛角尖。她们往往是饱受压力折磨的人群。女人要学会定时给自己减压。

记得定时给身心解压

宠爱自己就是给自己解除压力。经常给自己修修指甲，享受一顿美食，改变一次发型等都会有意想不到的效果；不论何时，提醒自己做一个长长的深呼吸是一个快速的“美丽秘诀”；告诫自己把事情看开一些，把那些不必要的压力阻挡在身体之外。阻挡压力总比释放压力来得轻松，压力很多时候是通过眼睛传输到脑中的，因此很多时候，我们不妨“闭着眼睛”生活。学会将压力抛弃在办公室和家之间的路上，任它随风飘散；学会哭泣，眼泪很感情也就会随之动摇。而男人不同，男人可以将情感给一个女人，而身体给另外一个女人。有时男人的出轨真的与感情无关，他们只是因某种机缘凑巧与另一个女人上了床，但这并不等于他们想跟妻子离婚。虽然这件事实在令人难以面对，不过却是实情。

得不到妻子的关心

男人如果在家里找不到安慰，就会绕开对自己“视若无睹”的妻子，而到外面去找别的女人。这一点也是男人出轨的一个重要原因。

存心报复自己的妻子

男人若是怀疑女人对他不忠又无法原谅她，炫耀自己的风流艳史报复女人也就成了怒气冲天的男人难以打消的念头。

对人生失去热情

心理学家指出，对人生失去热情，沮丧会使男人的内心感觉无助、无能，无法做任何事情。最简单的解决方法是找一个善解人意的性感女人……逃离令男人沮丧的现实环境。

男人易出轨的四个关键期

艳遇和出轨并不是随时都会发生的，对于男人的一生而言，有以下几个时期需要特别注意控制自己。否则，艳遇发生后你将面临的是令人痛苦的家庭纠纷。当然，男人的出轨最痛苦的还是家中的女主人。

失意的时候

男人是家庭生活的主要承担者，他们往往被寄予厚望，但是，现实生活中男人总会碰到不如意，总会有挫败感，已婚男人在承受不住现实的压力时容易坠入情网。坠入情网只是为了避免处理人生中的某些问题，因为恋爱会使人暂时丧失理智。这时，男人最需要的是从女人那儿得到安慰和肯定，希望依靠女人的温情来放松自己，进而重建自己的信心。假如这个男人缺少一位能与他水乳交融的伴侣，那么此时他是很希望有别的女人“乘虚而入”的，甚至随便找一个他平时不屑于亲近的女人。假若有一个平时一直心仪于他的女人去主动安慰他，那么是很容易发生点什么的。

男人脆弱的时候很像一个孩子，而女人天生就是当母亲的好手，男人感情上的升华有时是在他最为脆弱的时候完成的。

机缘巧合

婚姻之外，男人可能对某个异性有好感，双方都心知肚明，只因一直没有机会走到一起，所以一直保持着普通同事或朋友的关系。一次偶然的机会，为双方创造了条件，一不小心就突然进入了状态，迷迷糊糊中两人突破了界限……

在机会来临时，女人总会显得犹豫不决，但男人往往会抓住机会主动出击。机会主义的男人有时也确实能给女人一个意外的惊喜，但更多的时候他们并不想为自己的一时冲动承担任何责任。对于男人而言，他或许还不想离开自己的家，这只不过是一场艳遇。

暴富之后

这种人往往并非花花公子或天生好色的那种，但至少金钱使他的男性本能霎时膨胀了。他们早年的生活很可能比一般人来得灰暗，情场上的失意也很令他们耿耿于怀。他们利用自己的金钱不断制造艳遇，只是出于一种弥补心理，艳遇的次数往往作为他们体现“成就感”的标准。至少爱情之类的说法，对他们而言很可能只是一个笑话。

婚姻进入平淡期

在现代社会，婚姻多少有点儿像我们过去所说的“铁饭碗”，特别是经过从恋爱到婚姻的初级阶段后，双方的感情升华到一定程度后势必会进入一个相对平淡的时期，没有过多的波澜起伏。男人那种喜新厌旧的本能便会蠢蠢欲动，尽管双方未必有分居或离婚的意思。这一时期很值得关注，因为这是对双方婚姻感情的考验。

实际上，婚姻进入平淡期后，更多的婚外恋发生在新认识的两个人身上，早年情人的旧情复燃，只有在至少一方的婚姻亮红灯的情况下发生的可能性较大。有一个现象很有趣，有些人早年像托尔斯泰一样放荡不羁，但到了一定的时期尤其是到了晚年，会过得像清教徒一样纯洁；有些人婚前经历单纯，但随着婚姻高潮的过去，反而对外界的抵抗力变得很差。其实，婚姻就是过日子，维持婚姻靠的是责任心和生活上的互相尊重和需要。婚姻确实需要感情，但跟恋爱时相比毕竟是两种状态，正如当音乐迷跟当DJ的区别。

当感觉生活变得一成不变时，深锁在无聊与寂寞中的男人就会开始渴求改变，跃跃欲试寻求冒险。其实，眼睛向外看的男人不是去外面寻找婚姻中欠缺的事物，仅仅只是为了玩一玩，用以调剂他们平淡的生活。

这一时期，男人应该保持头脑清醒，不可因一时头脑发热而做出错误的决定，你应该想方设法为你们的家庭生活多添些乐趣和刺激，这样过起来才会有滋有味。

男人们都很清楚，因为一场艳遇而造成家庭破裂是不划算的，这当然也不是大多数男人想要的。如果想保护好自己的家庭，男人就应该警惕艳遇，在艳遇高发的四个时期对自己加强控制，这样，人生坐标才不会偏离方向，q犯下重大的错误。

珍惜现在的一切，乐于享受平淡生活

有句话说得好，平平淡淡才是真，但平淡的生活往往又令喜欢浪漫的人觉得“乏味”，比如一日三餐，比如孩子老人。婚姻需要两个人用心经营，用心呵护。更为重要的是，置身于婚姻当中的人，一定要学会用感恩的眼光来看待一切，世界每天都在变，不要认为现在所拥有的这些是理所应当的。要学会享受平淡的生活、平实的幸福，并在平淡与平实中添加一些温馨的色彩。婚姻不是索取，也不是纯粹的奉献，夫妻双方要学会在婚姻中共同成长。

婚姻最需要的是在平淡中的互相呵护

细细品味，平淡的婚姻犹如一捧细沙。它也需要我们小心地珍惜与呵护。无论是抓得过牢还是握得过松，它都会从你指缝间溜走。

在平淡的婚姻中，夫妻如同乘一列火车观光的朋友，在旅途上，他们相互照料、相互体恤。如果给他们的爱情打分，他们的激情和浪漫程度也许只能打60分；如按婚姻的和谐持久来打分，则可打90分。他们的爱情也许永远无法建立那种爱和恨都深入骨髓的关系，可他们却能经受住各种严峻考验。你说它平俗，可它却很实用、很真实、很可靠。

夫妻间的生活犹如两块石磨之间的磨合，不是她去适应你，就是你去适应她。**你们一起经历风雨，穿越荆棘，走出沼泽，最终踏上一马平川。无论是你最失意，还是最成功时，你都会发现：对方才是你最大的牵挂。**

当你晚年站在婚姻这座围城之巅，你会自豪地发现一个不变的真理：原来平平淡淡才是真。你才是婚姻的主宰者，而你的婚姻是那么真实，那么清晰，那么叫你感动不已。

婚姻不单单是两人世界，婚姻讲求实际，就是实实在在地过日子，每天开门七件事：油盐柴米买菜难，水电住房生活费。**在婚姻里，责任和理智是非常重要的，走过初始的“两人世界”，新婚的柔情蜜意渐趋淡化，“小天使”的降临尤其让人感到肩上的分量。婚姻之舟这才算是真正驶出了港湾。**

这种平淡的婚姻是值得珍惜的，它是对现实婚姻和人的情感规律的一种透彻的认识和省悟，是一种难得的豁达和乐天知命。和最爱的人相伴终生，真是非常浪漫的一件事情。

单纯的女人要知道的幸福一生的秘诀

一个女人要想握住一生的幸福，就要找准自己的爱人，对他忠贞不渝。为了让家庭更有保障，女人还要守护住自己的爱情。

女人应该怎样守护爱情呢？

懂得幽默风趣

婚姻的和谐需要特殊的润滑剂，两个人在一起生活当然不能缺少幽默这个能让爱情得到舒缓、欢乐的最好工具，更何况幽默对于女人来说，正是保持与丈夫感情的重要资本。

幽默是对婚姻生活充满乐观情绪和自信的表现，另外，也使你和你的爱人彼此更加相爱。

幽默，是一种人生智慧，它涵盖了人生的所有内容，是广博的智慧、博大的胸怀，了悟人生，于平凡处发现价值，于渺小处发掘伟大。以一种愉悦、满意、含笑、超脱的心境看待人生，它是一个人智慧的体现。没有幽默，你的生活也就失去了许多色彩。

在婚姻生活中，牙齿总有碰到舌头的时候。夫妻之间发发小脾气也是常见的，幽默、风趣在这种关键时候往往能显示它的特殊魅力，取得意想不到的效果。

幽默，是女人机智、聪慧的体现。在婚姻中，适当地运用幽默，可以使两人舒心、愉悦，增加生活情趣，使爱情在轻松、舒畅的氛围中不断深化，永葆青春。

拥有一份浪漫情怀

浪漫与其说是一种情调，不如说是一种心情，一种黏合剂，使爱情常新的心情，使爱情更加坚贞的黏合剂。而浪漫本身就需要你为了爱情而发挥自己的智慧，展现自己的魅力，使对方更加爱恋自己，这是一个人心灵上的创新，心情上的再生，是彼此人格魅力、情趣、素质的展现。

每年的2月14日是不是你和妻子最为浪漫的日子？不错，这是属于情人们的节日，是互表爱恋、促进爱情的特殊日子。每年大家都过情人节，在这样的日子里使自己的情人节过得独特，在你心爱的人心田里留下永久的记忆，就是一种铭刻终身的浪漫。

你想知道“情人节”的故事吗？不如看看我们的介绍，说不定能激起你对爱人的深情。

公元170年，一个虔诚的基督教徒男青年瓦伦丁在受到罗马统治者的迫害入狱后，奇迹般地对监狱长的女儿萌生了“爱情”。当他被执行死刑时，他给情人写信表达了他至死不渝的坚贞爱情，而那一天正好是2月14日。从此，人们就把这一天视为多情的节日、爱恋的象征。

有人会说，何必特别在意呢？其实每一天都是情人节。这句话对也不对，如果天天都是情人节，那不是把女人累死了？不过，如果女人有心，不妨设定一个只属于你们两人的情人节，你可以把你和自己的爱人最难忘、最有纪念意义的和曾经有过的最开心的时刻，作为来年重逢或重新体验的“节日”，作为特别富于情趣的纪念。

特设的情人节，是两人在婚姻生活中爱恋智慧的融合，是彼此心心相印的印证。由于特设的情人节具有特殊的恋情内涵，因而常能形成恋人之间一种刻骨铭心的特殊期待，从而丰富恋人神秘而又颇具传奇色彩的情感世界。

对于这样的“节日”，即使于日常生活中，只要有一方提及，也足以使得另一方心中产生极不寻常的波澜。等到一次、两次过去，等到你与妻子看着儿孙长大，这些属于你们的日子就会长久地印记在令人心悸、令人动情的人生罗曼史上，成为不朽的爱的盛典。

如何为你们特殊的“情人节”准备呢？也许你可以为情人节的活动设计一个别出心裁的节目，或者为妻子准备一件她喜欢的小礼物，也可以把某种已经获得的成功拿到这时来宣布……总之，当你奉献出自己的一颗热情的心以后，那份体验也会变得更加甜美。

拥有责任意识

性格上尊重对方，生活上关心对方，事业上支持对方，患难时信任对方，争吵时照应对方。帮助，不仅仅是在妻子上楼时扶她一把，更重要的是在共同承担责任的过程中深化爱情。

用心去培育你的爱情之花，让爱人时刻感受到你的温暖，是女人守护爱情的最终结果。